Raízes da Culinária Regional Italiana

Curiosidades, Lendas e Receitas

Catalogação na Publicação

G861r

Grimaldi, Marcia

Raízes da culinária regional italiana / Marcia Grimaldi. – Belo Horizonte: Quixote + Do, 2023.

296 p.; 15,5 x 22,5 cm

ISBN 978-65-86942-84-2

1. Culinária italiana. 2. História. 3. Cultura. I. Grimaldi, Marcia. II. Título.

CDD 641.5945

Elaborada por Bibliotecária Janaina Ramos – CRB-8/9166
Índice para catálogo sistemático
I. Culinária italiana

Nesta edição, respeitou-se o Acordo Ortográfico da Língua Portuguesa de 1990, que entrou em vigor no Brasil em 2009.

Rua Alagoas, 1270 – Sala 304 | Savassi
30.130-168 | Belo Horizonte | MG
editoraquixote@gmail.com | (31) 3141.1256

@quixote.do /quixotedoeditora /quixotedoeditorasassociadas

Raízes da Culinária Regional Italiana

Curiosidades, Lendas e Receitas

Marcia Grimaldi

À memória dos meus avós
Maria e Antônio Grimaldi
dedico com amor este livro

Sumário

Apresentação

Escrever este livro foi uma aventura inspirada no gosto por três temas que considero apaixonantes: a história, a gastronomia e a cultura italiana. Juntá-los, a princípio, me pareceu um propósito muito ambicioso em função da amplitude dos tópicos, a menos que o escopo da pesquisa fosse de alcance limitado, sem pretensões acadêmicas, comprometido apenas com o prazer de explorar nuances do processo de transformações na dinâmica alimentar dos italianos desde a desestruturação da produção de alimentos no contexto da decadência do Império Romano até fins do século XIX, quando a culinária italiana começou a ganhar papel de destaque na gastronomia mundial.

Com essas limitações em mente, direcionei meus objetivos de pesquisa no sentido de empreender uma narrativa sucinta e descritiva desse processo, abordando a interação da culinária com os demais setores da organização socioeconômica do território, as diversidades regionais, as diferenças de padrão alimentar entre classes sociais e entre as áreas urbanas e rurais e em especial as interferências externas, expressas no intercâmbio com usos e costumes da culinária de outros povos, invasores ou mesmo parceiros comerciais.

Tendo em vista dar à narrativa uma certa concretude, não poderiam faltar as receitas "de época" e atuais. São elas que contam a trajetória dos diferentes insumos culinários ao longo do tempo, como eles se associam para formar novos sabores segundo as alterações nos gostos, no poder aquisitivo das populações, na evolução das tecnologias alimentares, no talento dos profissionais da arte culinária e, às vezes, através de encontros fortuitos e improváveis.

Em função da importância da gastronomia no nosso cotidiano, tanto no âmbito doméstico/familiar quanto social, e sua capacidade de permear praticamente todos os setores da vida humana, foram incluídas no texto referências a episódios envolvendo a culinária italiana e personalidades históricas ligadas às artes, à literatura e até mesmo à política.

A propósito de gastronomia e política, o mestre Massimo Montanari nos conta que durante o processo italiano de unificação, o *Risorgimento*, Camillo Benso, o Conde de Cavour, em 1860 escreveu um telegrama: "As laranjas estão na nossa mesa e vamos comê-las. Para o macarrão é preciso esperar porque ainda não está cozido", deixando claro que a Sicília já estava ocupada por Garibaldi e que ele se dirigia a Nápoles. Assim que as tropas conquistaram a cidade napolitana, ele disse ao embaixador piemontês em Paris: "Os macarrões estão cozidos e vamos comê-los".

A desarticulação da produção de alimentos no Império Romano

Decadência e fome

A partir do século II, o Império Romano entra em processo de decadência por conta, principalmente, da falta de competência político-administrativa dos generais para dirigirem um exército enorme. Apenas dois imperadores-filósofos, Adriano (117-138) e Marco Aurélio (167-180), conseguiram entender e administrar a situação. Depois deles, retorna uma série de violências, guerras civis, perseguições anticristãs, até que, no início do século IV, o império foi dividido em dois (oriental e ocidental), e cada um, em duas partes. Roma permanece capital do império ocidental até o ano de 476, ainda que, a partir de 394, a área tenha sido dominada pelos "bárbaros", que fundaram outra capital em Ravena, na costa do mar Adriático. Os bárbaros eram populações de origem céltica e germânica, englobando os hunos, os vândalos, os ostrogodos, os longobardos e os francos. Os três últimos se enamoraram da cultura romana, converteram-se ao cristianismo, e é devido a eles a salvação do pouco que restou da cultura e da arte clássica.

Dentro desse contexto, emerge no continente europeu uma nova realidade composta por turbulenta mistura de povos e culturas, acompanhada de profunda crise da estrutura produtiva (iniciada já no século III), em função da desarticulação da agricultura, do despovoamento do campo, das guerras e devastações frequentes, além das epidemias normalmente decorrentes da fome. Não foi apenas um momento difícil da Europa, mas uma situação que durou alguns séculos. A crise apenas começa no século III, agrava-se no IV, no V e no VI. "Em certas regiões como a Itália, o século VI apresenta-se como o ápice desse processo com conflitos sanguinolentos, fome e epidemias devastadoras. Nessa realidade quotidiana, uma dezena de gerações nem imaginava que se pudesse viver de outra forma"[1].

No período que abrange os anos finais do século VI, o império é oprimido por grande carência alimentar. Alguns faziam pão com a semente de uva e com as flores dos grãos, outros com as raízes das samambaias prensadas, secadas e depois reduzidas a pó e misturadas com um pouco de farinha. Muitos ainda faziam a mesma coisa cortando as ervas dos campos. Não faltou quem se limitasse a colher e comer vários tipos de ervas. Se alguns morriam de inanição, outros eram mortos pelos próprios alimentos. Em alguns casos, por força da fome, chegaram a comer carne humana.

Apesar do quadro econômico e ambiental de "terra arrasada", os recursos, teoricamente, não faltavam. Era necessário, contudo, que os sobreviventes se organizassem para os explorar. Havia, sobretudo, ampla disponibilidade de bosques, de pastos naturais e de áreas pantanosas, espaços que deixaram de ser cultivados a partir do século III e retornaram à sua paisagem original em função das "invasões bár-

1 MONTANARI, Massimo.

baras", as quais propiciaram a desestruturação do modelo produtivo imperial. Como se verá adiante, entre os séculos V e VI delineia-se um novo modelo produtivo que, pela primeira vez, consegue misturar escolhas e opções que, até então, eram contrapostas e combatidas tenazmente.

Invasões bárbaras

O entendimento da evolução desse processo passa pelo rearranjo cultural e econômico-produtivo provocado pelas invasões dos povos conhecidos como "bárbaros". A cultura romana, bem como a grega, nunca mostrou apreço pela natureza chamada *incolta*[2]. Essa era, em seu sistema de valores, a antítese de civilidade. Do ponto de vista produtivo, a cultura romana havia dividido seu próprio espaço em uma região agrícola e pastoril, racionalmente organizada e separada do espaço das cidades. Havia, de fato, alguma exploração das terras não cultivadas, mas eram atividades marginais não inseridas no processo produtivo como concebido pela cultura romana. O bosque era sinônimo de marginalidade, de exclusão. A prioridade era a prática do cultivo, da agricultura e da arboricultura. A cultura dos grãos, videiras e oliveiras correspondia aos valores produtivos e culturais daquela civilização e expressão de sua própria identidade. Sobre essa realidade desenhava-se um sistema de alimentação que pode ser chamado de mediterrâneo, de característica fortemente vegetal, baseado em farináceos como pão, vinho, azeite e verduras, tudo integrado com um pouco de carne e queijo.

2 Natureza virgem como bosques, prados e pântanos, não explorados comercialmente.

Por outro lado, os chamados "bárbaros", exploradores de grandes florestas do centro e do norte da região europeia, desenvolveram uma forte predileção pela natureza virgem e os espaços não cultivados. A caça, a pesca, a colheita de frutos selvagens, a criação de animais nos bosques, sobretudo os porcos, eram atividades centrais e características de seu sistema de vida. A carne era o valor alimentar de primeiro grau. Não bebiam vinho, mas leite de jumenta e o líquido ácido que derivava deste, e ainda a cerveja extraída dos cereais nas pequenas clareiras da floresta.

Uma distância abissal parecia separar o mundo dos romanos do mundo dos bárbaros: os valores, as ideologias e as realidades produtivas de um grupo e de outro. De acordo com Montanari (1997),

> [...] parecia impossível conciliar as duas tendências e devemos admitir que dois milênios de história comum não se mostraram suficientes para isso. Todavia, certa aproximação se verificou, graças a um duplo processo de integração, um tipo de recíproca aculturação, que teve lugar entre os séculos V e VI e amadureceu nos séculos sucessivos.[3]

O primeiro instrumento de integração foi, simplesmente, o poder. A nova Europa difundiu amplamente a cultura dos invasores e seus valores[4] e, com isso, uma nova maneira de entender a relação com a natureza selvagem e os espaços não cultivados, entendidos não como um limite às atividades produtivas do homem, mas ao contrário, como espaço a ser ocupado. Um exemplo que exprime bem essa mentalidade é o de que, a partir do século VII, nas regiões onde

3 MONTANARI, Massimo.

4 Enquanto os ostrogodos unificaram a Itália, os visigodos criaram um reino na Espanha; os burgundi, na França; e os vândalos, no norte da África.

predominava a cultura germânica (Inglaterra, França, Alemanha e norte da Itália), a valorização dos terrenos dos bosques passou a ser mensurada não em termos de superfície, mas em termos do número de porcos que os frutos (nozes e outros) permitiam aos animais crescerem e engordarem.

Paralelamente, a carne se tornou o valor alimentar por excelência. Tanto é que os manuais de dietética, a partir do século V, reservavam atenção prioritária à carne em detrimento do pão, considerado, até esse momento, o melhor alimento, por conter mais elementos nutritivos do que qualquer outro.

Dessa forma, a supremacia do pão como símbolo de "civilidade" alimentar é posta em séria discussão, ou melhor, séria se a Europa não estivesse, pouco a pouco, tornando-se cristã e assumindo uma crença religiosa dentro da qual o pão, junto com o vinho e o óleo de oliva, tinha um papel simbólico absolutamente central. É certo que, seja pelo prestígio da tradição romana, seja pela força propulsora da nova fé, o pão, o vinho e o óleo conheceram uma extraordinária promoção de sua imagem. À medida que o cristianismo se difundia na Europa, sobrepondo-se sobre outras formas de religiosidade, esses produtos se afirmaram também como símbolo do novo credo.

Com a contribuição da carga simbólica que os escritores dos séculos IV e V atribuíram ao pão, ao vinho e ao óleo, esses alimentos vão assumindo status de produtos preciosos e procurados, sobretudo nas regiões internas e setentrionais da Europa, onde sua disponibilidade era mais difícil.

Ressalte-se nesse processo a participação dos francos[5], que, muito precocemente, aderiram à fé cristã, compreendendo que isto facilitava sua inserção no território do Império e seu sucesso sobre os adversários, o que veio a favorecer a expansão da cultura alimentar romano-cristã na Europa do Norte.

A cultura do vinho não se afirmou sem certa resistência. Em alguns lugares, é explícita a contraposição com a cultura da cerveja, presente nos ritos de certas populações pagãs do norte da Europa, desempenhando papel de bebida sacra, alternativa àquela do vinho na liturgia cristã. Produzida da fermentação do trigo e da cevada, era consumida até em alguns monastérios.

A Europa das invasões bárbaras parece operar uma inédita integração entre a cultura da carne e a do pão.

> Os dois alimentos acabam por gozarem do estatuto (tanto ideológico quanto material) de alimento primário e indispensável. Não faltarão, ao longo do tempo, tensões e contraposições entre os dois, mas sempre haverá também uma substancial concórdia e, por assim dizer, solidariedade recíproca.[6]

5 Em torno da metade do século VII, os longobardos, tribo ariana que recusava converter-se ao cristianismo, invade a planície Padana (Vale do Pó), situada ao norte da Península Italiana, expulsando os ostrogodos ou góticos. Os longobardos, por fim, convertem-se ao catolicismo, constroem igrejas, aceitam os monastérios, mas, com a desculpa religiosa, tentam libertar a região de Ravenna da influência dos bizantinos que eram hereges. Mas, na realidade, aquelas áreas não eram mais bizantinas, mas ligadas ao Papa de Roma. Este se sente atacado pelos longobardos e pede a ajuda dos francos, população de origem germânica que havia invadido a França no século IV. Para os francos, primeiro com Pipino e depois com Carlos Magno, a ocasião de "ajudar" o Papa foi perfeita para, em poucos anos, conquistarem o reino Lombardo. Carlos Magno, rei dos francos desde 768, foi coroado, no ano de 800, imperador de um novo Império Romano, que acrescenta "sacro" ao seu nome.

6 MONTANARI, Massimo.

Hábitos alimentares de romanos e bárbaros

Também a atitude da cultura greco-romana e dos povos bárbaros com relação aos hábitos alimentares era diversa. No primeiro caso, o ideal supremo era o do comedimento, ou seja, uma atitude prazerosa frente ao alimento, mas sem voracidade, ofertá-lo generosamente, mas sem ostentação.

Ao contrário, a tradição cultural céltica e germânica aborda o "grande comensal" como personagem positivo que, através desse tipo de comportamento – comendo e bebendo muito –, exprime a superioridade de sua própria espécie. O ideal do comedimento não conta com muito crédito entre as classes dominantes da nova Europa, sobretudo nas regiões de influência bárbara mais forte, onde a imagem do guerreiro valoroso é aquela de um homem capaz de ingerir quantidade enorme de comida e bebida. Este é o tipo de consumidor apreciado.

Como salienta Montanari (1997), quando Carlos Magno se dá conta de que um seu comensal roeu e esmiuçou uma grande quantidade de ossos, sugando o miolo e fazendo uma pilha sobre a mesa, não se furta a reconhecer que deve tratar-se de um "valoroso soldado" e o identifica com o filho do rei dos longobardos. Os modelos de vida da aristocracia dos francos se respaldam em valores dessa natureza e tendem a configurar-se como verdadeiras obrigações sociais.

Entretanto, não se pode dizer que a cultura cristã tenha sido impregnada da noção de "medida". Havia fortes resistências a acolher o ideal de práticas rígidas de ascetismo e privação, ou seja, de adesão ao modelo perfeito de vida perfeita que pudesse levar à santidade. Em todo caso, a primeira e fundamental regra dietética do estilo de vida monástico (não o único, mas aquele considerado o que levava à salvação) é a recusa da carne, escolha tanto mais rigorosa e obsessiva quanto mais se opunha aos valores alimentares da cultura céltico-germânica.

Quanto ao mundo dos camponeses e dos pobres, estes preferiam os valores de influência bárbara, ao invés dos valores dos eclesiásticos: da pobreza, os camponeses viveriam alegremente sem. A diferença desse grupo em relação aos nobres é que os pobres não poderiam dar-se ao luxo de comerem muito e limitavam-se a sonhar com a ganância ou exercitá-la em certas festas ou ocasiões especiais. Mesmo os monges, quando não era tempo de jejum, comiam irracionalmente e muito.

O encontro das atividades agrícolas com a prática de exploração das terras não cultivadas é o que caracteriza a economia europeia do século VI, ao menos até o século X. Delineia-se um mosaico de ambientes produtivos que corresponde a um conjunto de atividades características tanto do padrão romano quanto do padrão bárbaro: cultura de cereais, horticultura, caça, pesca, criação selvagem e colheita. Vigorava um sistema alimentar bastante articulado e diversificado, que encarava os produtos de origem vegetal (cereais, legumes e hortaliças) lado a lado com os produtos de origem animal (carne, peixe, queijo, ovos).

A *carestia*[7], ou falta de algum alimento, era ligada ao andamento produtivo dos diversos setores e, portanto, às sazonalidades diferenciadas, mas a carestia florestal não era considerada menos grave do que

7 Carestia significava *carum tempus* ou "tempo dos preços altos".

a carestia agrícola, configurando um equilíbrio entre a valorização socioeconômica das diferentes atividades produtivas.

Todos, então, podiam contar com as fontes de aprovisionamento diferenciadas: carne e peixe (e queijo e ovos) não faltavam na mesa de ninguém, junto com o pão, as farinhas e as verduras. Para que houvesse essa integração alimentar, contribuíam também os pequenos e grandes períodos de quaresma. Estes períodos proibiam o consumo de carne e, em alguns casos, de todos os produtos animais, em certos dias da semana e períodos do ano: no total se calcula mais de cento e cinquenta dias ao ano. Tudo isso, de fato, significava incentivar a alternância de produtos diversos sobre a mesma mesa, a periódica substituição da carne pelo peixe ou pelo queijo (melhor ainda pelos legumes) e as gorduras animais pelo óleo vegetal. Desse modo, também o calendário litúrgico vinha incidir sobre os hábitos alimentares, de modo a favorecer a construção de costumes mais homogêneos entre as várias zonas europeias.

A pressão demográfica na produção de alimentos

A partir do século X, intensifica-se uma profunda contradição de caráter econômico no panorama italiano e europeu, de uma forma geral, determinada pela pressão demográfica: de um lado, o desejo de preservar as áreas não cultivadas, em função do aumento no consumo de carne; e, por outro, a necessidade de incorporá-las à produção agrícola à medida que aumentava a pressão demográfica. Em termos de produtividade, a balança pendia para a produção agrícola, além do fato de que os cereais podem ser conservados com muito mais facilidade e apresentam maior durabilidade que a carne.

O fato é que, até que a pressão demográfica fosse sentida, a integração entre os dois setores havia funcionado, mas cada aumento da população pressionava o equilíbrio instável sob o qual a relação entre os setores se fundava. Não havia outra saída que não o alargamento das superfícies cultivadas, isto é, a incorporação de áreas não cultivadas ao processo agrícola.

Inicialmente, esse processo foi executado com muita cautela. As áreas que os contratos agrários permitiam que fossem abatidas no século IX eram apenas aquelas "infrutíferas", do ponto de vista da atividade de pastoreio. Contudo, a partir de meados do século XI, o processo se intensificou até os últimos decênios do século XIII.

Segundo Raoul[8], "Entre os anos de 1032 e 1033, a fome começou a se espalhar por todos os cantos do mundo, ameaçando de morte quase toda a humanidade". Essa "carestia" teve origem no Oriente e, depois de haver devastado o território grego, chegou à Itália, à Gália e se estendeu até a Inglaterra.

> Todos os estratos da população foram atingidos pela falta de alimentos, os ricos, os menos ricos e, sobretudo, os pobres que se viram em situação de total indigência. Quando havia algum alimento à venda, o vendedor poderia aumentar o preço ao seu bel prazer (...).[9]

Contudo, do século XII em diante, a frequência e intensidade da carestia parecem ter diminuído, e a situação alimentar se estabiliza em outros termos.

---

8 RAOUL, Glaber Raoul *apud* MONTANARI, Massimo.

9 MONTANARI, Massimo.

Mudança de padrão alimentar

Apesar das contradições e contrastes, a sociedade europeia parece haver atingido, na primeira metade do século XIII, uma situação de relativo bem-estar: o crescimento econômico, apesar do custo que comporta em termos de marginalização e desigualdades sociais, não deixou de produzir efeitos sobre a estrutura geral da cidade e do campo. Em torno de 1250, a Europa talvez tenha atingido o ápice desse florescimento, iniciado mais ou menos um século antes: florescimento parcial, socialmente circunscrito, mas não por isso menos verdadeiro.

O movimento diz respeito principalmente às cidades. Os camponeses, aproveitando a fase econômica particularmente dinâmica, souberam aumentar a própria disponibilidade de terras e dinheiro para se alimentarem melhor, aproximando seu estilo de vida ao dos senhores e citadinos. Os ricos, como sempre acontece, aumentaram o limite da distinção social. Num mundo onde a abundância é difusa, comer muito, como era o costume europeu, não basta mais. Apesar de permanecer um importante traço distintivo da nobreza, não faltam casos em que o herói "cortês"[10] mostra uma atitude de moderação em relação ao alimento como uma adesão à nova imagem do guerreiro "cristão", que nesses séculos vai se firmando.

O destaque que a literatura da época dá ao comportamento à mesa é, sobretudo, uma valorização de todo o aparato que diz respeito à comida: a beleza da mesa, das toalhas, da louça, a boa companhia, a conversação, a música, os espetáculos, a elegância dos modos. "É o nascimento das 'boas maneiras' de um ritual de convivência fundado

10 Nos romances dos séculos XII e XIII, os aspectos alimentares da vida aristocrática vinham, frequentemente, mencionados.

na elegância e não na força, na forma mais do que na substância".[11] Nos ambientes "corteses" dos séculos XII e XIII, essas maneiras começaram a sinalizar diferenças sociais ligadas não mais às quantidades, mas à qualidade e aos modos do consumo. Em consonância com essa nova cultura aristocrática, também as preparações alimentares se tornaram mais refinadas e caprichadas nos sabores, nos perfumes e nas cores.

Encontra-se, na literatura europeia do século XIII, os primeiros exemplos de livros de cozinha, um gênero que ficou perdido desde o manual tardo-romano atribuído a Apício[12]. É a manifestação mais clara e tangível de um renovado interesse pelo prazer de comer.

A difusão do uso das especiarias

No início do século XII, já se registrava a condenação do pecado da gula pelo poder eclesiástico frente à nova onda de "gulodice" que os homens inventaram. Não bastavam mais o vinho, a cerveja e os alimentos provenientes da terra e do mar. O que se queria eram as "espécies" que eram usadas de acordo com as recomendações dos cozinheiros.

Não se tratava de uma novidade. Nos séculos IX e X, já havia um grande fluxo dessas especiarias orientais nos mercados da Itália e da França, como o gengibre, o cravo e a canela, produtos que a cozinha

11 MONTANARI, Massimo.

12 Marco Gávio Apício (ou simplesmente Apício, em latim *Marcus Gavius Apicius*) foi um gastrônomo romano do século I, suposto escritor do livro *De Re Coquinaria*, a melhor fonte para se conhecer a gastronomia do mundo romano. Viveu durante os reinados dos imperadores Augusto e Tibério.

romana havia feito pouco ou nenhum uso, limitando sua atenção à pimenta. O uso inicial dessas mercadorias restringiu-se ao emprego medicinal e, pouco a pouco, as especiarias atingiram o setor da gastronomia. Em fins do século XI, com as expedições dos cruzados e o aumento do intercâmbio com o Oriente, o afluxo de espécies se torna maior e mais difundido na Europa.

Os manuais de cozinha dos séculos XIII e XIV se tornam a primeira codificação escrita dessa escolha gastronômica. O porquê dessa aceitação passou por diferentes explicações. Segundo uma opinião muito difundida, as especiarias teriam a função de "camuflar" o gosto de alimentos malconservados (em especial as carnes) e até estragados. Esse argumento tornou-se infundado, porque os ricos, principais consumidores desses caros produtos, consumiam carnes e peixes fresquíssimos.

O uso das especiarias também com a função de conservarem as carnes não se sustenta, pois, para isso, havia outras técnicas, como a salga, a secagem e a defumação. Em nenhum desses métodos, eram utilizadas especiarias. Além disso, o consumo de carne salgada era típico da população pobre, classe que desconhecia o uso de espécies.

Outra explicação é do âmbito médico. Havia concordância de que a retenção de calor das especiarias favorecesse a digestão dos alimentos, ou seja, seu cozimento no estômago. Tanto que se começou a usá-las na forma de comprimidos ao fim da refeição, ou no próprio quarto de dormir.

Como ressalta Montanari (1997),[13]

13 MONTANARI, Massimo.

> [...] dificilmente poderemos compreender esse consumo no plano da racionalidade: é uma escolha ditada pelo desejo e pelo imaginário. A necessidade, antes de tudo, de luxo e de ostentação, dado que o preço das especiarias, inatingível a todos, é já um bom motivo para torná-las desejáveis. (...) Não por acaso, a utilização das espécies é sugerida nos manuais destinados à classe burguesa das cidades (como os produzidos na Toscana entre os séculos XIII e XIV) e nos manuais de cunho senhoril e nobre (como aqueles escritos para a corte angevina de Nápoles, por exemplo). Os burgueses, mais que os nobres, necessitam ressaltar a própria riqueza.

Pouco a pouco, o sabor das especiarias será profundamente incorporado ao paladar das classes dominantes, e as comidas picantes passam a ser consideradas boas para serem consumidas. Os livros de culinária europeus, na Catalunha, na Inglaterra ou na Alemanha, depois de Itália e França, são unânimes na paixão pelas especiarias, mas não deixam de explicitar as especificidades nas escolhas de cada região. Dessa forma, a partir do final do século XIII, com o aumento e maior circulação dos manuais de culinária no continente europeu, vão se delineando as especificidades das diferentes áreas no que se refere às preferências e hábitos alimentares. Nessa época, surge na Itália o primeiro livro de culinária italiana, o *Liber di Coquina,* escrito em Nápoles, em língua latina, entre os anos de 1285 e 1309.

Evolução da culinária italiana: nacionalização e regionalização

Alimentação na Idade Média

Estrutura social e alimentação: usos e costumes

Antes de abordar os principais aspectos relacionados à cozinha na Idade Média, é necessário enfocar, em primeiro lugar, os hábitos sociais, culturais e gastronômicos do homem medieval. Este homem é um fervoroso crente, temente a Deus e respeitador do poder religioso, angustiado com o medo do inferno e penitente. Com o objetivo de adquirir méritos espirituais, abandona sua casa e seu trabalho para cumprir longas e perigosas peregrinações.

Essa caracterização do homem medieval leva à compreensão de como a alimentação e a arte de cozinhar tornam este homem profundamente diferente dos romanos e também dos que viveram na época do renascimento. A cozinha medieval básica é pobre e frugal, em certos casos destinada quase exclusivamente para a sobrevivência, mas não por isso privada de ideias que sugerem um cenário de grande cultura. Naturalmente uma cultura predominantemente rural e feudal, dado que a vida nas cidades era estreitamente ligada à vida no campo.

Animais como gansos, patos e porcos transitavam imperturbáveis tanto nos palácios quanto nos pátios fora de seus muros. Conta-se que Filippo, il Grosso, filho de Luís XV rei da França morreu caindo de um cavalo por culpa de um porco que, passando por perto, assustou o animal[14].

Como na Antiguidade, a praça era o centro da vida na cidade; o mercado, o coração da vida econômica e política; nos dias de feira, faziam-se grandes negócios, administrava-se a justiça, convocavam-se assembleias, enfim, o mercado constituía o cenário das trocas de qualquer natureza. Ali se encontravam expostos víveres, doces, tecidos, calçados, couros etc. Era no mercado que se negociavam as barganhas dos produtos para o trabalho e para a mesa, e era feito o controle de qualidade das mercadorias. Não por acaso, em Florença era proibido colocar à venda a carne que sobrava do sábado na segunda-feira. Em Zurique se devia jogar fora os peixes não comercializados, ou seja, as regras que regulavam o comércio local eram diferentes em cada uma das cidades. Uma norma curiosa vigorava em Estrasburgo. Consta que, segundo os ditames locais, seriam destinadas aos hospitais as carnes dos animais doentes.

Os tratados medievais de nutrição entram em detalhes, ao descrever os capítulos de alimentos para os ricos, pobres e o clero. As bases de alimentação dos ricos eram:

> Bom pão de trigo cozido no dia anterior, carne assada e bom vinho. A lista de pratos variava de acordo com a estação. Alternavam-se aves, peixes, saladas, leite de cabra e vinho envelhecido. Na primavera, frutas e vinho leve. No

14 TOCCI e REVELLI.

verão, frutas como 'sobremesa' e vinho forte no outono. No inverno, bebidas quentes e muita carne. Por outro lado, a dieta dos religiosos era bem diferente. Por exemplo, os cistercienses, ordem fundada no final do século XI, tinham uma mesa muito frugal. No alegre período da Ressurreição, da Páscoa ao Pentecostes, eram permitidas uma refeição ao meio-dia e uma à noite. De Pentecostes a setembro, a refeição era única, exceto no domingo, quando duas eram servidas. Seguia-se um período de jejum estrito no qual os monges comiam apenas uma vez por dia. A comida era: frutas, vegetais crus e dois pratos quentes. Aves eram proibidas, exceto em caso de doença. A manteiga e a gordura eram excluídas, com exceção dos períodos de preparação para jejuns prolongados, a fim de permitir que os monges os enfrentassem sem danos à saúde. A ração diária de pão era de meio quilo por pessoa. À mesa, os monges podiam beber vinho na quantidade de um terço de litro. Para os pobres, a comida era muito reduzida. Estes contavam com poucos e miseráveis alimentos obtidos da colheita no pequeno pedaço de terra que o senhor feudal dava em troca de trabalho. Tais alimentos resumiam-se a leguminosas e cereais, os quais eram utilizados na feitura de pães e muitas sopas. Um grande caldeirão fervia continuamente sobre o fogo e o alimento que se tinha para consumo era gradualmente acrescentado a ele. Os servos, portanto, não tinham uma variedade de receitas, mas um único prato que mudava constantemente de textura, cor e sabor.[15]

15 TOCCI e REVELLI.

Os banquetes eram grandes ocasiões sociais para os ricos. Aconteciam na chegada e despedida de hóspedes ilustres, mas também em eventos de caráter particular, como casamentos, vitórias militares etc. Destaca-se a cerimônia de lavagem de mãos antes de sentarem-se à mesa. O anfitrião disponibilizava uma grande bacia de água repleta de pétalas de flores multicoloridas e perfumadas. Os hóspedes se dirigiam em devota procissão ao ritual de lavagem das mãos sempre antes de sentarem-se à mesa, mas, ao fim do banquete, limpavam as mãos na toalha mesmo ou na própria roupa e, algumas vezes, no dorso dos cães que por ali transitavam livremente. Não existiam guardanapos, e as pessoas comiam com as mãos. Os talheres apareceram em torno do ano 1000, mas não foram utilizados até fins do século XV, por serem considerados instrumentos do diabo.

Existiam documentos de boas maneiras à mesa, mas não eram seguidos.

> Para limpar os dentes, era recomendado que mastigassem folhas de plantas aromáticas, enxaguassem com decocções vínicas de raízes e utilizassem pó de dente composto de mármore triturado e chifre de veado.[16]

Durante o banquete, muitas vezes aplaudido pelas performances de malabaristas e bobos, o cantor ou poeta, em peregrinação de corte em corte, cantava doces versos, acompanhando-se de instrumentos de corda de som melodioso. Às vezes, era-lhe concedido sentar-se à mesa dos nobres do castelo, onde ficava por longo tempo compondo versos para o senhor que o hospedava.

---

16 Idem.

Principais produtos e referências literárias do período

O *Liber di Coquina*, tratado anônimo escrito em Nápoles na corte do rei Carlos II D'Anjou [17], o mais antigo livro de cozinha italiana, apesar de direcionado para a corte, começa com as verduras, ainda que o símbolo alimentar de poder, à época, fosse a carne. A cultura medieval, bastante atenta em assinalar a diferença de classes na população, identificava as verduras como alimento dos pobres, os chamados *contadini* ou camponeses. Contudo, "... um produto humilde à época se tornava 'nobre' quando coadjuvante de um alimento de prestígio, por exemplo, no momento em que o alho é utilizado no preparo de um assado, sua natureza 'contadina' se modifica artificialmente".[18] A separação alimentar e gastronômica entre as classes não exclui, portanto, a presença de produtos e sabores "rústicos" na cozinha dos nobres, desde que acompanhada por algum ingrediente precioso, como as especiarias raras que imediatamente remetem ao clima de privilégio econômico e social.

No fim da Idade Média, a cozinha italiana já se destacava no contexto da gastronomia europeia pela riqueza da utilização dos produtos da horta, não só das verduras, mas de ervas perfumadas que normalmente se equiparam a espécies preciosas, como manjerona e menta (os dois perfumes característicos da cozinha italiana medieval e renascentista), alecrim, salsa, sálvia, endro, manjericão, louro e outros. Também os cogumelos e as trufas comparecem nas publicações de receitas da época com bastante frequência, sinal de um profun-

17 A corte D'Anjou, da família real francesa, dominou o sul da Itália entre os séculos XIII e XIV e poderia ser comparada com a dos Médici durante o Renascimento, porque naquela época, em Nápoles, floresceram as artes, a literatura e uma cultura culinária pródiga.

18 CAPATTI e MONTANARI.

do compartilhamento do saber entre o mundo dos camponeses e o mundo dos citadinos.

O repertório dos produtos da horta, que por cerca de um milênio não havia mudado substancialmente em relação à idade romana, nesse meio tempo, estava se ampliando e eram consumidos tanto para fins alimentares quanto medicinais. Os mais procurados eram o alho, a cebola e o alho-poró. Importantes também eram o nabo, funcho, alface, acelga e cenoura.

Entre os séculos XIII e XIV, já se consumia o espinafre, vindo da Pérsia, por meio dos árabes, considerado uma das especialidades das hortas lombardas. Grande relevo era dado a esse alimento e, também, ao repolho. Consta que havia uma regra que vigorava nos monastérios segundo a qual os frades eram obrigados a consumir cotidianamente o repolho. [19]

As sopas na Idade Média eram consumidas pela manhã, principalmente, e em qualquer horário do dia. O repolho, escuro ou branco, era produzido de forma abundante, o que acabava por fazê-lo muito utilizado. A preparação tradicional da sopa de repolho é muito simples, gostosa, nutritiva e era utilizada também para a prevenção de doenças:

> *Cozinhe as folhas e depois passe na peneira. Numa panela de barro misture banha, bochecha de porco, cebola, alho, aipo e salsinha. Acrescente a essa mistura o repolho peneirado e o líquido de seu cozimento. Acrescente sal à sopa e consuma com pão dormido, ligeiramente tostado.*

19 PARMA, Salimbene di, apud CAPATTI e MONTANARI.

No período, difunde-se a alcachofra, derivada do cardo selvagem e já cultivada no Oriente Médio,[20] como também a berinjela trazida para a Espanha e Sicília pelos árabes e por longo tempo olhada com desconfiança e de uso, sobretudo, popular. A fama afrodisíaca da berinjela, muito provavelmente derivada de sua aparência fálica, andou de mãos dadas com sua disseminação.

Vale ressaltar que o alho era uma planta muito consumida na Idade Média, porque era utilizada como remédio para o aparelho digestivo. Na época medieval, era usado também contra a surdez, febre e problemas renais, e sua ação antisséptica era eficaz para vários males, entre eles a peste e o cólera. Segundo a tradição, durante a grande epidemia de peste na Europa do século XIV, só os consumidores habituais de alho escapavam do contágio. O alho é também considerado um afrodisíaco estimulante da atividade sexual masculina. Por esta sua particular propriedade, parece que na Idade Média o uso do alho, como também da cebola, era proibido nos monastérios e vetado aos monges.

20 No *De Re Coquinaria*, de Apício, fala-se de corações de alcachofra que, ao que parece, os romanos apreciavam fervidos em água ou vinho. A princípio a alcachofra não gozava de um prestígio culinário muito grande, tanto que no início do século XVI Ariosto (poeta italiano) afirmava: "na alcachofra, dureza, espinhos e amargor você encontra muito mais do que bondade".

Torta de alho[21]

Ingredientes para a massa:

250g de farinha, 120g de banha ou manteiga, sal e água nas proporções convenientes.

Ingredientes para o recheio:

5 cabeças de alho, 200g de pancetta (bacon) fresca ou salgada, 300g de queijo pecorino fresco, 3 ovos, 80g de uvas-passas, uma dúzia de estigmas de açafrão.

Preparação:

Prepare a massa algumas horas antes e deixe descansar em lugar fresco. Descasque todo o alho e cozinhe em água fervente por 15 minutos, depois escorra-os e banhe-os em água fria. Esmague todos os dentes de alho cozidos e junte o queijo, a manteiga (ou banha), as especiarias, o açafrão, os ovos e as uvas-passas lavadas. Misture bem. Forre uma assadeira com parte da massa. Adicione o recheio e cubra com o restante da massa fechando bem as bordas. Asse a 200g por 45-60 minutos.

A cebola e o nabo também eram admirados pelas qualidades aromáticas e curativas, sendo que a cebola era muito útil no tratamento da tosse no tempo frio[22].

Da agricultura vinham também os legumes. Um dos mais importantes e difundidos era a fava. Na Idade Média a fava, além de ser um alimento básico, era usada também nas votações públicas: as brancas

21 PIZZOLLA, Ileana.

22 TOCCI, Augusto e REVELLI, Alex.

para dizer sim e as negas para dizer não. Curiosamente os escrutinadores, uma vez efetuada a contagem dos votos, transferiam as favas da urna diretamente para a panela para provarem, colegialmente, seu sabor. Segue-se o conselho do mestre-cuca:

> *Ponha as favas secas de molho por um dia e uma noite. Ferva em água e, em seguida, ajuste o sal. Uma vez cozidas, passe na peneira e bata com uma colher de pau até que fique cremosa. Coma com verduras do campo.*[23]

Outros legumes muito utilizados nas cozinhas da época eram o grão-de-bico, a ervilha e o *fasiolus,* um tipo de feijão já conhecido na Europa antes da descoberta da América.

Minestra de grão-de-bico

Ingredientes:

200g de grão-de-bico, 1 colher de farinha, 2 colheres de azeite extravirgem, 10 grãos de pimenta triturados grosseiramente, ½ colher de chá de canela em pó, sálvia, alecrim e sal.

Preparação:

Na noite anterior à preparação da receita, lave o grão-de-bico e deixe de molho em água morna por toda a noite. No dia seguinte, misture a farinha, o azeite, a pimenta e a canela em um recipiente grande. Acrescente o grão-de-bico e misture com as mãos. Cubra tudo com água fria e leve à fervura, acrescentando sálvia, alecrim e salsinha. Deixe fervendo a fogo baixíssimo por cerca de 2 horas, regulando o cozimento. Por fim, salgue e polvilhe com tomilho.[24]

---

23 Idem.

24 PIZZOLLA, Ileana.

Além da produção agrícola do período, havia também os produtos naturais dos bosques aos quais recorriam os pobres, mas também os ricos, especialmente nos períodos de carestia. Entre os produtos oferecidos espontaneamente pela natureza, destacavam-se as castanhas. Os bosques de carvalhos serviam tanto para a produção de lenha quanto para a colheita de nozes destinadas à alimentação dos porcos, mas os bosques forneciam também outras qualidades de frutos, alguns deles muito apreciados como ingredientes de muitos pratos da época: além das nozes, a groselha, os morangos e os cogumelos. As trufas já gozavam de uma particular aura de mistério pelo seu perfume e por sua vida subterrânea.

O bosque constituía a fonte primária do sabor doce. O mel se recolhia apenas nos bosques onde as abelhas selvagens o produziam nos buracos das árvores. A importância desse alimento era enorme, uma vez que o açúcar só se torna conhecido na baixa Idade Média. Além disso, o mel era utilizado como componente essencial de muitos medicamentos da época. Segundo reza a lenda, se nos bosques as pessoas encontravam ervas e raízes para seus medicamentos, as bruxas, em certas noites, vagavam neles à procura de ingredientes para suas misturas.

O leite de amêndoas era um ingrediente básico da cozinha medieval. Seguem duas receitas para seu preparo. A primeira é o preparo medieval desse ingrediente e, em seguida, tem-se outra adaptada aos dias atuais:

Receita de leite de amêndoas[25]

Para obtê-lo se necessita de amêndoas frescas, água para a trituração, caldo de legumes, vinho, açúcar e sal a gosto.

Em uma panela, ferva as amêndoas cobertas de água por três ou quatro minutos. A seguir, as escorra e enxágue com água fria. Com este procedimento é possível tirar a película que as envolve. Num pilão, reduza as amêndoas a uma pasta lisa, adicionando colheradas de água aos poucos. A seguir, ferva o caldo com o vinho, o açúcar e o sal. Por fim, junte a pasta de amêndoas com o caldo preparado, misturando continuamente para que não se formem grumos. Cubra e deixe a preparação em repouso por uma hora. Misture novamente antes de utilizar.

Receita leite de amêndoas (adaptada)[26]

Ingredientes:

120g de amêndoas biológicas, não descascadas, 1 litro de água.

Preparação:

Ferva a água, acrescente as amêndoas e espere ferver novamente. Escorra as amêndoas e passe na água fria. Pegue uma delas entre os dedos e sinta que a pele se solta sozinha.

Uma vez despeladas, leve as amêndoas ao liquidificador, acrescente a água e processe até obter um líquido branco. Pegue um pedaço de gaze e dobre-o duas vezes para obter uma camada dupla. Molhe e esprema a gaze com cuidado. Forre um escorredor de macarrão com a gaze e filtre o líquido. Você obterá um leite magnífico adaptado

25 TOCCI, Augusto e REVELLI, Alex.

26 PIZZOLA, Ileana.

a qualquer uso. O resto das amêndoas podem ser utilizadas para enriquecer massas de biscoito e outras preparações.

Muito utilizado também nas preparações medievais era a Água de Rosas, preparada simplesmente com as pétalas da flor, com a finalidade de acrescentar um ligeiro toque floral aos pratos.

Água de rosas[27]

Ingredientes:

Pétalas de rosas não tratadas (não submetidas a técnicas de cultivo), água (para resultados melhores, utilizar água destilada).

Preparação:

Lave as pétalas rapidamente, cuidando que não carreguem insetos. Coloque as pétalas em uma panela e acrescente uma quantidade de água suficiente para cobri-las. Aqueça bem, mexendo sempre. Quando a água estiver prestes a ferver, desligue o fogo e deixe em infusão por 1 hora, de forma que as pétalas percam sua coloração.

Filtre a água de rosas, utilizando um escorredor de macarrão, e transfira o líquido para um recipiente de vidro que possa ser fechado hermeticamente e conserve na geladeira por 30 dias. Com uma colher de água de rosas, pode-se acrescentar um toque floral aos pratos.

Se a centralidade das verduras é uma das características mais originais da cozinha italiana, não se pode esquecer o papel dos cereais

27 PIZZOLA, Ileana.

como base da cozinha pobre, constituindo arma essencial na cotidiana luta pela sobrevivência. Nesse sentido, uma comida marca a continuidade da cozinha italiana: a polenta, prato forte da alimentação camponesa, desde a época romana, quando era feita com a farinha de *farro*[28] e chamada de *puls*. Com o tempo, a esse cereal arcaico se juntou o *frumento*[29], com o qual se começou a fazer o pão, além de vários outros grãos de menor valor[30], que serviram para transmitir e diversificar a cultura da *puls*.

Antes do início da Idade Média, começou-se a cultivar o centeio, primeiro nas montanhas alpinas e depois em escala mais ampla, dada a extraordinária resistência da planta que os antigos haviam conhecido como uma planta ruim. Durante o período medieval, o centeio se torna um dos principais ingredientes para a feitura do pão na região setentrional da península. De cor escura, o pão de centeio se contrapunha ao pão branco de trigo, alimento de luxo reservado aos senhores.

---

28 Em português espelta, ou trigo-vermelho, é uma espécie da família das gramíneas, próxima do trigo. Antes do trigo ser conhecido, a espelta era o elemento essencial na dieta das populações arcaicas. Segundo estudiosos, a terra de origem desse grão (*triticum dicoccum*) é a Palestina. De lá, por meio das trocas e movimentos dos nômades, ele deve ter chegado ao Egito (as grandes quantidades encontradas nas tumbas dos faraós são prova disso) e por todo o Mediterrâneo. Na Península Italiana, a espelta começou a circular por volta do século VII a.C. e foi certamente o primeiro cereal ali cultivado, tornando-se a comida preferida dos etruscos e romanos, que durante muito tempo o fizeram a sua refeição diária. Com esse grão, do qual deriva o termo farinha, o rito do casamento era celebrado no mundo romano clássico. Uma cerimônia muito aristocrática que, após o sacrifício a Júpiter, o casal recebia uma focaccia (*farrum*) para consumi-la juntos. Em algumas zonas da Itália central, a tradição alimentar da espelta ainda é forte e apresentada à mesa sob mil formas, desde aperitivos até sobremesas.

29 Trigo.

30 Orzo (cevada), miglio (planta cuja semente é usada como alimento, especialmente para pássaros domésticos), panìco (sinônimo de miglio) e sorgo.

Um tipo de pão, ainda mais rústico, era o pão à base de *crusca* (farelo de aveia). Seguindo uma antiquíssima receita, assim se pode prepará-lo:

> *Em um recipiente adequado, coloque 2 ou 3 quilos de farelo de aveia em água fervente, o que resultará em uma massa sem sal, sem fermento, sem mais nada, e deixe por uma noite em lugar quente. No dia seguinte, com essa massa se pode fazer pães com o formato desejado e assá-los no forno por uma hora ou uma hora e meia. Tire o pão ou os pães do forno e os mergulhe em água fervendo por três ou quatro minutos e retorne-os ao forno até secá-los bem.*

Esses pães duram muito tempo e, se endurecerem, podem ser amolecidos, envolvendo-os em um pano molhado. É este o alimento que os peregrinos levavam consigo a Roma para o Jubileu.

Também os legumes, uma vez secos, eram transformados em farinha e misturados à farinha dos cereais para fazer, às vezes, o pão e, com frequência, a polenta e a sopa. Contudo, foi o *miglio* que gozou de maior difusão do norte ao centro-sul da península, representando, talvez, o principal grão usado na polenta até a difusão do *mais*[31] na Idade Moderna.

Curiosidade

A polenta era tradicionalmente comida de acordo com um cerimonial estrito. Depois de preparada e colocada na tábua de massa, era fatiada pela dona de casa com barbante, e não com faca. Os primeiros cortes eram dois em ângulo reto, depois divididos em quatro partes e, posteriormente, em fatias de igual espessura, para facilitar sua distribuição rápida aos familiares

31 Milho como o conhecemos hoje, originário das Américas.

(até mais de 10) sentados, esperando nas laterais da mesa. O primeiro a pegar um pedaço era o chefe da família. Com a polenta, em ocasiões especiais ou festas, era realizada a "grande competição da magnona". Vários concorrentes ficavam em volta de uma polenta e começavam a comê-la. O primeiro a chegar ao centro, onde uma linguiça ou um pedaço de carne era colocado, ganhava o apetitoso prêmio.

Também o arroz se firma como alimento popular apenas na Idade Moderna. Foi aclimatado no Ocidente pelos árabes, que o introduziram na Sicília e na Espanha. Fora dessas áreas, a difusão do produto permaneceu por longo tempo confinada ao âmbito das especiarias. No centro-norte da península, eram as bodegas de alimentos especiais que vendiam o arroz junto aos produtos exóticos de importação. No período medieval, o arroz era usado sob a forma de farinha, como produto medicinal ou para espessar as sopas.

História do arroz

A origem do arroz não é certa. Acredita-se que as variedades mais antigas surgiram há mais de quinze mil anos nas encostas do Himalaia. Foi durante o Império Persa que o arroz se espalhou para a Ásia Ocidental e, depois, em outras direções. O mundo mediterrâneo clássico conheceu esse cereal depois que Alexandre, o Grande, conquistou a Ásia. Teofrasto, contemporâneo do líder, foi o primeiro a descrevê-lo em seu tratado sobre a história das plantas. Ele falou do arroz como um cereal que crescia em água e cujas sementes eram particularmente adequadas para serem fervidas e atender às necessidades alimentares dos povos da Ásia. Embora ainda hoje permaneça um mistério como o arroz chegou ao Ocidente, presume-se que o "Portão da Pimenta" de Alexandria, no Egito, pode ter sido sua porta de entrada. No mundo romano, este produto caro era usado para fins medicinais, e não alimentares, contra problemas intestinais, intoxicações ou como produto de beleza para a pele. O arroz finalmente chegou à Europa no início do século VIII através da Espanha, com a invasão dos árabes, que posteriormente o introduziram também na Sicília, onde logo foi apreciado por suas qualidades alimentares.

O capítulo das massas ou pasta começa com os romanos, que, como outras populações mediterrâneas e de outras regiões do mundo, conheciam a prática de empastar a farinha com água, estendê-la ou abri-la em uma larga massa chamada lagana, a nossa lasanha, e cortá-la em pedaços largos para serem cozidos. Contudo, somente no período medieval definiram-se alguns elementos para a constituição da moderna categoria alimentar chamada massa[32]. Primeiro, a variedade da forma: larga, estreita, curta, longa, perfurada ou recheada. Depois, o modo de cozimento: enquanto a lagana romana era cozida no forno, junto com os condimentos, na Idade Média surgiu uma nova forma, vigente até hoje, de cozinhar a massa na água e, às vezes, no leite. Ainda durante a Idade Média, assiste-se à invenção da massa seca para longa conservação, ou seja, à transformação de um manufaturado em produto industrial adaptado ao transporte e à comercialização.

Esse fundamental aspecto da história da massa é atribuído aos árabes, que desenvolveram a técnica da secagem para garantir estoque de alimento durante os deslocamentos no deserto. Nas receitas árabes, a massa seca aparece já no século IX. A essa tradição liga-se a presença de uma verdadeira indústria de massa seca na Sicília ocidental, na localidade de Trabia, a poucos quilômetros de Palermo, em fins do século XII. Neste mesmo século, os mercadores genoveses já tinham se tornado os principais difusores da massa siciliana no norte da penín-

32 CAPATTI e MONTANARI.

sula. Pouco depois, a Ligúria se define como área primária não só de comércio, mas de produção de *vermicelli*[33] e outros tipos de massa[34].

Entre os livros de receitas, não só da Idade Média, mas também do renascimento, apenas o *Liber di Coquina* napolitano explica como se faz, se cozinha e se tempera a lasanha. Ao final da receita, aconselha-se comê-la com uma "ferramenta de madeira pontiaguda", o que sugere a precoce difusão do garfo no ambiente italiano.

Entre as inovações gastronômicas da Idade Média, um lugar especial é ocupado pelas massas recheadas, cuja história seria mal compreendida fora da cultura que inventou uma manufatura alimentar tão simples quanto genial: a torta, um recipiente de massa levado ao forno com a função de conter e assar um recheio. Esse tipo de preparação já existia na cozinha romana, porém não era particularmente valorizada. Ao contrário, os livros de cozinha europeus da baixa Idade Média são pródigos nesse tipo de receita, começando pelo *Liber di Coquina,* enquanto nas demais regiões alpinas a difusão das tortas se dará mais tarde por provável influência italiana. A torta é uma preparação que parece adequada para todas as classes sociais. Prática, fácil de fazer e de conservar, acessível a todos e pode ser mais ou menos complexa ou cara, além de adequada a diversos tipos de técnicas de cozimento. Na Idade Média, o forno era prerrogativa da classe senhoril e das bodegas das cidades. Deste ponto de vista, tratava-se de uma invenção tipicamente urbana, mas pode ser um prato também da cozinha pobre: durante a carestia de 1246, os cidadãos de Parma se contentavam em fazer tortas sem nenhum recheio. A torta podia

33 Massa de fios finos, comparável no Brasil ao "macarrão cabelo de anjo".

34 No século XV, outras zonas de produção, sobretudo na Apúlia, se uniram à produção siciliana e da Ligúria, enquanto a área do Pó (Emilia, Lombardia e Veneto) permanece ligada ao uso doméstico da massa fresca.

ser também um prático recipiente para o transporte de alimentos: no século XIII, as crônicas de Salimbene di Parma descrevem alguns peregrinos com seus burros carregados de pão, vinho e tortas[35]. Em linhas gerais, a cultura medieval associa as tortas às verduras.

De acordo com as receitas medievais, a massa destinada a receber o recheio não parece feita para ser comida, pois a preocupação é que ela seja consistente, dura, sendo moldada em forma de crosta côncava. Uma significativa inovação da cozinha do renascimento será de fazê-la comestível.

Derivada da torta, a Idade Média vê nascer o *tortello*, uma espécie de filho da torta. Essa seria uma invenção da cultura medieval, que uniu a arte da massa com a da torta. "Se trata de fazer uma massa fina, ao modo da lasanha, cortá-la em pequenos pedaços e recheá-los. Se pode cozinhá-los de duas formas: cozidos na água ou na sopa (e servidos com queijo e especiarias), ou então, fritos e adoçados com açúcar ou mel".[36] De acordo com o *Liber di Coquina*, com ovo e farinha se faz uma massa para *tortelli* que pode ser bastante fina, de modo que possa ser fechada na forma em que se deseja: anéis, letras ou na forma de qualquer animal que se queira. Pode-se recheá-la, se você quiser: o *tortello* é o invólucro de um eventual recheio.

Contudo, vale também o inverso: o recheio não se coloca necessariamente dentro de um invólucro. É o caso da *polpetta,* cozida no caldo ou na gordura. Nos textos chamam de *raviolo*, não sem contradições e ambiguidades: *raviolo* pode ser também sinônimo de *tortello,*

35 MESSADAGLIA, *Leggendo La Cronica di Frate Salimbene da Parma*, p. 387 apud CAPATTI, Alberto e MONTANARI, Massimo – *La Cucina Italiana Storia di una Cultura*, Editori Laterza, 1999.

36 CAPATTI, Alberto e MONTANARI, Massimo.

e cada um dos dois pode indicar o manufaturado completo. Entretanto, mais difundido é o entendimento de *raviolo* como recheio, e *tortello* como invólucro.

A distinção é clara no *Liber di Coquina,* o qual propõe que sejam feitos *ravioli* da grossura de um ovo, utilizando-se barriga de porco triturada e misturada com ovo, queijo, leite e especiarias, a serem envolvidos em massa de *tortello* e cozidos com bastante gordura. Segundo essa receita, pode-se utilizar, no lugar da massa de *tortello*, uma pele fina como a que envolve a barriga do cabrito ou algo semelhante.

Em comparação a outras nações, como a França, Alemanha e Inglaterra, na Itália utilizam-se quantidades menores de carne, sendo sua identidade alimentar mais afinada com cereais, legumes e verduras, ou seja, o protagonismo da carne sempre foi dividido com outros alimentos. A valorização gastronômica da carne na Itália tem origem na Idade Média, fruto de novos modelos culturais e de novas formas produtivas, como a caça e o pastoreio, que assumem lugar de destaque no sistema econômico, como ressaltado anteriormente. A criação de suínos permaneceu por longo tempo um "valor" alimentar de primeira grandeza para todos os níveis sociais, uma vez que a criação de ovelhas era predominantemente orientada para a produção de laticínios.

Outro grande recurso dos bosques era a caça, que marcava profundamente a identidade da classe nobre que, sob vários pontos de vista, era a imagem da guerra, a verdadeira "profissão" dos nobres. O cervo, o javali, o urso e até mesmo o boi selvagem figuravam nos banquetes oferecidos na corte.

A caça nos bosques era liberada desde a alta Idade Média e só foi regulada com normas com a passagem do tempo, e acabou se tornando um direito apenas dos nobres e ricos. Para os pobres, a caça era, frequentemente, a única fonte de sobrevivência. As armas utilizadas eram o arco, a flecha ou, quando se praticava a caça furtiva, as redes, polvilhadas de substâncias pegajosas.

Na baixa Idade Média, mudam-se os hábitos de vida, os gostos e as apreciações gastronômicas. Na corte dos séculos XIII e XIV, e também entre os burgueses das áreas urbanas, as preferências passam a se orientar para o consumo de aves, tanto as caças – faisão, perdiz e codorna – quanto as de criação – capão e ganso. Em ambos os casos, tem-se carnes mais delicadas com a leveza recomendada pelos médicos como consumo mais saudável. A mudança nos gostos revela uma transformação no exercício do poder e das relações de classe: a nobreza não se qualifica mais como classe de guerreiros com armas nas mãos, mas reivindica como sinal da diferença social o refinamento de costumes e a arte de saber viver.

O tratamento das carnes no *Liber di Coquina* se inicia com as aves. É um sinal do surgimento de outros tempos, uma vez que um par de séculos antes ninguém indicaria essas carnes como as mais dignas das mesas aristocráticas.

> As carnes gordurosas, nutritivas e sanguinolentas, que na alta Idade Média eram objeto dos desejos alimentares, agora eram deixadas voluntariamente aos camponeses. O próprio porco, não obstante a importância que continua a ter nas práticas culinárias, perde a sua centralidade e resta confinado em espaços mais restritos, do ponto de vista ambiental e social. A progressiva redução dos bosques e o desenvolvi-

mento da zootecnia bovina tendem a conferir um caráter tipicamente rural e familiar ao consumo da carne suína [37].

Muito precocemente e com intensidade maior que nos demais países europeus, a Itália afirma o gosto pela carne bovina, em particular a vitela. A inversão de tendência no sentido da valorização da carne de vitela parece situar-se entre o século XIV e XV.

Se o peixe da cozinha romana antiga era, por excelência, o peixe de mar, no contexto econômico e cultural do mediterrâneo na Idade Média isso muda, porque os recursos que se valorizam são principalmente os locais, como a oferta de água dos rios, lagos e pântanos. O peixe de água doce passa a predominar nas receitas culinárias, com significativas diferenças regionais: se o *Liber di Coquina* napolitano contempla numerosas receitas de peixe do mar, sua adaptação ao gosto toscano as elimina. Todavia, a tendência à valorização do peixe de água doce é geral, até mesmo nas zonas costeiras. A preferência dos pescadores é de operar nas águas internas, o que implica em diferença de gosto relativamente à antiguidade.

Até o fim da Idade Média, a mais importante produção de leite era a de ovelha ou de cabra. A criação de gado bovino permaneceu por longo tempo marginal no sistema produtivo, servindo principalmente para o reboque de vagões e arado e secundariamente para o fornecimento de carne e, ocasionalmente, leite. Por outro lado, o leite não se bebia praticamente nunca. O modo mais normal de consumi-lo era sob a forma de queijo.

37 CAPATTI, Alberto e MONTANARI, Massimo.

A ciência médica via com suspeita os misteriosos mecanismos da coagulação e da fermentação dos queijos, e os tratados sobre alimentação recomendavam fortes limites ao seu consumo, quando não desaconselhavam completamente. Além do mais, o queijo foi, durante muito tempo, associado à gastronomia pobre, ao mundo dos camponeses e dos pastores. Entretanto, no fim da Idade Média tem início um caminho para "nobilizar" o queijo, que passa a ser visto como alimento adequado aos dias de "magro", substituindo a carne.

O consumo de bebidas alcoólicas, no caso vinho e cerveja, atingiu níveis extremamente altos no passado, embora seja impossível determinar uma média de consumo dessas bebidas nas diversas épocas, regiões, classes sociais, sexo e idade, não apenas na Itália, mas também em outras áreas do continente europeu. Contudo, de acordo com Montanari (1997)[38], estudiosos estimaram o consumo de vinho *per capita*, segundo diversas áreas e grupos sociais nos séculos XIII e XIV, e chegaram à conclusão de que o consumo diário da bebida por pessoa chegava a 1, 2, 3 e até 4 litros por dia.

Diversos fatores podem explicar esse estado de coisas. Em primeiro lugar, o uso preferencial de comidas conservadas com sal (carne, peixe, queijo etc.), o que aumenta consideravelmente a sede dos indivíduos. Por outro lado, tanto o vinho quanto a cerveja constituem alimentos em si mesmo e podem fornecer à dieta cotidiana um complemento calórico de fácil absorção, tanto mais importante quanto mais pobre e monótona é a dieta. Em especial ao vinho, eram atribuídas importantes virtudes terapêuticas. Dele a medicina fazia amplo uso como base para a preparação de medicamentos, e ele próprio era considerado quase um remédio para todos os males.

38 MONTANARI, Massimo.

As qualidades gastronômicas encontradas no *Liber di Coquina* estão referenciadas em três elementos peculiares: o uso abundante de especiarias, fundado nas tradições alimentícias e disponibilidade de matéria-prima; a mistura entre sabores aparentemente não conciliáveis, como uva, *pinoli*, açúcar e vinagre; e a técnica, praticamente constante, da fervura das carnes antes do cozimento definitivo.

O exemplo abaixo, extraído do *Liber di Coquina,* ratifica as inferências descritas acima:

Receita de manjar branco salgado

Pegue peitos de frango cozidos e corte em tiras o mais finas possível.

Lave e seque o arroz e depois faça uma farinha.

Passe a farinha por uma peneira e dilua-a com leite de cabra, leite de ovelha ou leite de amêndoa. Leve ao fogo em uma panela bem limpa e, quando começar a fervura, adicione as tiras de frango, açúcar branco e banha. Deixe cozinhar em fogo baixo.

Depois de pronto, esse prato deve ter consistência cremosa. Polvilhe açúcar em pó e decore com amêndoas descascadas.

Esse prato, conhecido como *biancomangiare*, de provável origem árabe, à base de ingredientes brancos (arroz, leite de amêndoas, açúcar etc.), figurava em todos os tratados de cozinha europeus da época, com numerosas variantes, tanto para os dias de "magro" quanto para aqueles em que as regras litúrgicas liberavam o consumo de carnes. Nas trinta e sete receitas de manjar branco, constantes dos livros de culinária ingleses, franceses, catalães etc., os ingredientes do prato nunca são os mesmos, o que confirma o caráter "internacional" da cultura gastronômica dos séculos XIII e XIV.

Curiosidade

Poucas mulheres desempenharam um papel tão importante na história como a de Matilde di Canossa (1046-1115), responsável pelo papel de liderança na luta entre o Império e a Igreja na Itália do século XII. Mulher bela e determinada, foi fundamental nas relações entre o Papa Gregório VII e o jovem imperador Henrique IV[39], seu primo.

A famosa luta por investiduras (nomeações para cargos) estourou entre o imperador e o Papa. E, quando Gregório VII lançou a excomunhão contra Henrique IV, este, percebendo o poder da Igreja sobre seu povo, fez o que se tornou um símbolo de submissão por excelência: A humilhação de Canossa.

Foi graças à sua prima Matilde que o imperador, depois de passar três dias mendigando sob a neve descalço (1077), obteve o perdão e foi recebido pelo Papa no castelo de Canossa.

Agora é interessante falar do banquete de reconciliação que aconteceu entre os dois soberanos. Os pratos eram mais de vinte. Fontes seguras afirmam que o jantar começou com uma sopa quente de grão-de-bico, seguida de rosbife aromatizado com ervas, caças variadas e javali. Diz-se que foi servida uma vitela inteira assada que continha perdizes e faisões no ventre.

39 No início do século XII, Henrique VI, recém-designado rei da Itália, conquista o reino da Sicília, pondo fim ao domínio normando na ilha, unindo as duas coroas com a aprovação do Papa. Seu filho Federico II da Baviera faz do sul da Itália a zona mais internacional da Europa, constrói catedrais e castelos, cria a Universidade de Nápoles em 1224 e favorece as cruzadas, trazendo riqueza para a região. Em 1266, contudo, seu filho Manfredi perde o domínio da área para a dinastia francesa D'Anjou, que domina todo o sul do país até 1343, quando perde o domínio da região para os aragoneses.

Mas o que mais surpreendeu foi um prato muito requintado, o manjar branco.

Matilde morreu amada e venerada por todos. Em 1635, seus restos mortais foram transferidos de Mântua para o Vaticano e colocados junto com os dos apóstolos e mártires da fé[40].

O *Liber di Coquina* italiano propõe receitas com referências regionais, em que não faltam comentários comparativos que confirmam sua concretude. "Pode-se admitir que essas referências sejam ocasionais ou de caráter comemorativo, com pouca credibilidade no plano gastronômico. Porém, o que importa ressaltar é o fato de que tais denominações atestam que, em geral, se acreditava na existência de especialidades locais"[41]. Além disso, internamente à Europa, uma especial atenção era dada à dimensão "italiana" da cultura gastronômica em suas múltiplas variantes locais.

Como ilustração do argumento acima, tem-se uma preparação de tradição árabe, pertencente à gastronomia do sul da Itália, porém elaborada de forma diferente de região para região, muito apreciada pelo imperador Federico II da Baviera.

Escabeche para Federico II da Baviera

Ingredientes:

Anchovas, berinjelas, azeite, hortelã, água, vinagre, alho, pimenta.

Preparação:

Limpe as anchovas e corte as berinjelas pelo comprimento. Frite-as com bastante azeite. Em seguida, escorra gradualmente, colocando

40 https://www.taccuinigastrosofici.it/.

41 CAPATTI, Alberto e MONTANARI, Massimo.

as anchovas e as berinjelas numa saladeira, intercaladas com folhas de hortelã e pimenta. Ferva água e vinagre com dois dentes de alho picados e, depois de alguns minutos, despeje este líquido na saladeira acompanhada de colheres de óleo da fritura. Deixe apurar o paladar pelo menos por um dia antes de servir.

Como ressalta Montanari (1997), o *Liber di Coquina*, bem como outros manuais da época, franceses, ingleses e de outras nacionalidades, não tratavam da cozinha de todos os dias e nem da cozinha de todos. A qualidade dos ingredientes (a começar das especiarias) e a complexidade das preparações remetem a uma dimensão gastronômica, sem dúvidas, elitista. Por outro lado, as receitas são claramente direcionadas a um grupo de profissionais a serviço de uma corte ou de um senhor rico ou mesmo do proprietário de uma taberna.

A falta de indicações no que se refere às quantidades dos ingredientes usados nas preparações confirma essa assertiva, dado que os cozinheiros sabem que a cozinha é uma arte eminentemente criativa e experimental e que recomendações relativas às proporções dos ingredientes servem, sobretudo, aos diletantes e principiantes.

Do *Liber di Coquina* deriva, com adaptações mais ou menos sensíveis a diversas realidades regionais, o *Libro della Cucina del Seculo XIV*, de Anônimo Toscano, compilado até o fim do século XIV e utilizado, em suas várias versões, até o fim do século XV em toda a Itália e também fora da península, na França e Alemanha. Esse segundo livro de receitas "italiano", divulgado em torno de 1338-39, provavelmente em Siena, difere do anterior, que era claramente direcionado para as classes aristocráticas e tem como público-alvo as classes ligadas aos profissionais do comércio, artesãos e outros. A casa, e não a corte, é o ponto de referência dessa segunda "família" de receitas. Além disso, é significativa a precisão com que tais receitas fornecem as doses exatas dos ingredientes dos pratos, enquanto o *Liber di Coquina* não desce nunca a detalhes dessa natureza.

Frango com frutas secas[42]

Ingredientes:

1 frango, 80g de banha, 2 cebolas grandes, 8 ameixas, 10 tâmaras secas, 2 fatias de pão, 200ml de vinho branco, 50ml de vinagre, 100ml de caldo de galinha, canela, 3 cravos, 1 pitada de noz moscada, leite de amêndoas com 50g de amêndoas descascadas, ½ litro de água.

Preparação:

Asse o pão e elimine a crosta para conservar só o miolo. Corte o frango em pedaços e doure na banha junto com a cebola.

Misture o leite de amêndoas com 100ml de vinho branco e o caldo de galinha.

Quando o frango já estiver dourado, salgue e acrescente o leite de amêndoas com o vinho branco e o caldo, um pequeno pedaço de canela triturada grosseiramente com a faca, os cravos, e deixe ferver por cerca de ½ hora. À parte, escalde o resto do vinho com o vinagre, junte o molho de pão esmigalhado, as tâmaras, as ameixas sem caroço e a noz moscada.

Tire do fogo quando o molho estiver adensado. Ajuste o tempero a gosto.

42 *Libro della Cucina del Seculo XIV,* de Anônimo Toscano.

> *Para servir, tire as ameixas e as tâmaras da segunda preparação - que devem permanecer inteiras - e disponha em torno do frango. Jogue a segunda preparação sobre a primeira.*

Além do Anônimo Toscano, do *Liber di Coquina* derivam outros manuscritos, o Anônimo Meridional e o Anônimo Veneziano, muito semelhantes entre si. Segundo historiadores, os dois últimos têm como destinatários uma brigada de amigos, os "doze glutões" inseridos na noção de "riqueza", que certamente não se refere à nobreza tradicional, mas à nova aristocracia do dinheiro. Portanto, um público burguês mais amplo, que vivia na cidade e queria exibir sua riqueza (adquirida) também à mesa. Esses livros de receitas rapidamente se espalharam por toda a península e permaneceram em uso pelo menos por dois séculos.

O mencionado livro de Anônimo Veneziano (assim como do Anônimo Toscano), possui a distinção de estar entre os primeiros textos gastronômicos do vernáculo. O livro conta o que se comia na Itália nos anos 1300.

> Com o tom doce e flutuante do dialeto veneziano, o autor oferece a chance de se apreciar as grandes mesas onde as iguarias se sucedem perfumadíssimas: galinhas cozidas em leite de amêndoas, tâmaras e açafrão; caldo de galinha aromatizado com água de rosas, amêndoas, cravo e canela para adoçar e servir em tigelas. Também existem tortas salgadas de abobrinhas secas, de alho, de camarões, de cogumelos, de ervas e de peixe. Nosso anônimo também prepara panquecas com maçãs, flores de sabugueiro, leite de amêndoa e, acima de tudo, a magnífica Fritelle da Imperatore, talvez

> dedicada ao imperador Federico II, chamada Stupor Mundi: elas contêm. "... clara de ovo e fatias de queijo fresco, um pouco de farinha e pinoli". [43]

Para realizar seu trabalho, o Anônimo Veneziano parece ter sido inspirado por fontes de prestígio. Entre seus modelos, figura o *Liber di Coquina*, já citado como o mais antigo livro de receitas da Idade Média italiana. Outras receitas, provavelmente, são inspiradas na cozinha da corte de Federico II, que reinou em Palermo (Sicília), entre 1220 e 1250.

Sopa de favas à Afrodite (Anônimo Veneziano)

Ingredientes:

200 gramas de favas frescas, 100 gramas de bochecha de porco (guanciale), 50 gramas de azeite, 1 cebola pequena, pimenta e sal.

Preparação:

Pique a cebola e frite no azeite.

Adicione a bochecha de porco cortada em tiras e doure; adicione as favas, sal, pimenta e um pouco de água.

Cozinhe por cerca de 40 minutos e depois sirva a comida quente.

43 Giuliana Lomazzi, jornalista de gastronomia. Disponível em: https://www.taccuinigastrosofici.it/.

Literatura da época

Os Contos de Canterbury (título original: *The Canterbury Tales*)

Texto Stefano Buso[44]

Os Contos de Canterbury[45] é uma coleção de contos escritos por Geoffrey Chaucer nos anos 1300. A obra trata das vicissitudes de alguns peregrinos a caminho da Catedral de Canterbury, que se dirigiam ali para glorificar os restos mortais de São Tomás Becket[46]. A obra de Chaucer foi escrita na segunda metade dos anos 1300, em inglês medieval com características fluentes e precisas (considerando o contexto e a época). No entanto, a obra literária não foi concluída pelo autor devido à sua morte em 1400. A intenção de Chaucer era fazer dos penitentes portadores de histórias evocadas durante a viagem a Cantuária.

Curiosidade

Como os viajantes eram revigorados na época de Chaucer? A vida era simples, sem muitas expectativas e conforto. Os que partiam em viagem para limpar a alma e o espírito dos pecados da vida levavam consigo poucas e escassas provisões: pão amanhecido, alguns nabos ou cebolinhas, raramente fruta e a indispensável água. Havia pouco dinheiro disponível, e não era incomum que andarilhos viajassem sem nenhum objeto de valor. O principal motivo era a pobreza absoluta, mas também o medo de ser saqueado por uma multidão de bandidos inescrupulosos, que frequentemente atacavam as "caravanas" de fiéis que marchavam em direção a Canterbury.

---

44 Disponível em: https://www.taccuinigastrosofici.it/.

45 A versão cinematográfica desse livro foi levada às telas de cinema pelo diretor italiano Pier Paolo Pasolini, que lançou o filme no ano de 1972.

46 Arcebispo de Cantuária entre 1162 e 1170, venerado como santo e mártir pela Igreja Católica e Igreja Anglicana. Envolvido num conflito com o rei Henrique II da Inglaterra pelos direitos e privilégios da Igreja, foi assassinado por seguidores do rei na Catedral de Cantuária.

No final da peregrinação, com a alma liberta da angústia e da opressão, poucos eram os "sortudos" que se deliciavam com uma refeição quente em alguma taberna no caminho de volta. Ali podiam consumir uma concha de caldo escuro de ave, peixe grelhado ou cozido junto com queijo e pão. A cerveja também era bastante procurada e servia para engolir o jantar quando este era cru! O anfitrião era reembolsado com o dinheiro recebido em esmolas durante a visita ao Santuário, ou colocando-se à sua disposição para as tarefas domésticas (cortar lenha, consertar o casebre, limpar etc.). Às vezes, o taberneiro "oferecia" uma tigela de sopa e uma caneca de cerveja em "troca" das novas notícias que o peregrino trazia consigo, em um habitat temporal onde a informação era inexistente, prerrogativa do relato oral.

Por isso, é estimulante ler os escritos da época: eles dão a percepção exata (e não distorcida) do *modus vivendi*, das limitações extraordinárias a que grande parte da humanidade foi forçada a vivenciar.

Receita de sopa dos peregrinos[47]

Ingredientes:

Água, ervas, alho, cebola, louro, pedaços de toucinho ou crosta de porco, ossos de porco, agresto[48], vinho tinto, sal.

Preparação:

Limpe as ervas para eliminar a sujeira e as impurezas, mas evite deixá-las "encharcadas" por muito tempo: ervas contendo vitaminas, uma lavagem prolongada as prejudicaria, tirando suas propriedades benéficas. Encher um grande pote de terracota com água e ferver as cebolas inteiras, alguns dentes de alho, folhas

47 Disponível em: https://www.taccuinigastrosofici.it/.

48 Suco da erva agrestino, substituto do vinagre.

de louro, ossos e pedaços de banha boa.

O fogo não deve ser excessivo, mas moderado. A caldeirada vai ferver por cerca de três horas, lentamente. Tenha o cuidado de mexer tudo sem nunca perder a paciência e evitando aumentar o fogo. Tirar a panela do fogo e, depois, com a ajuda de uma boa faca, pique as carnes cozidas, legumes e cheiros. Filtrar os resíduos de cozimento e acrescentar um pouco de vinho tinto com excelente corpo e um pouco de agresto. Isso vai dar alguma acidez, que vai agradar o paladar e casar bem com o sabor "gordo" da sopa.

Engrossar a sopa em fogo médio por cerca de uma hora. Depois de ajustar o sal, sirva quente em tigelas (ou pratos de sopa) junto com fatias magnânimas de pão torrado. Para quem adora o sabor amargo, pode, sem preocupações ou ansiedades, esfregar o pão com alho como na famosa "bruschetta".

Tem-se uma refeição frugal, livre de adereços complicados, mas, ao mesmo tempo, saborosa e nutritiva. Deve-se notar que já no tempo das primeiras peregrinações religiosas a Roma, a Igreja "empurrava" a hospitalidade para os romanos. E, assim, nobres e burgueses ricos distribuíam vinho, pão e várias provisões para abadias e conventos. Colocavam-se, assim, em boa situação com o clero, confiando no alcance de uma vida melhor, merecedora do cobiçado "lugar" no céu.

É verdade que, no século XIV, as publicações de culinária parecem obedecer a uma lógica mais "europeia" que "italiana". A denominação dos pratos remete ao uso da língua francesa e inglesa, porém não faltam receitas de uso local da península, com referências precisas à realidade regional e urbana de sua origem.

Cozinhar hoje inspirando-se na Idade Média

Com base na alimentação medieval, este capítulo procura trazer para a culinária atual algumas receitas do passado, reescrevendo-as em uma linguagem um pouco mais compreensível, oferecendo o maior número possível de indicações. São receitas rigorosamente medievais, postas em prática nas cortes da época e nos refeitórios dos monastérios[49].

Peixe com molho de cebola agridoce

Ingredientes:

Filé de merluza, azeite de oliva, vinagre de vinho tinto, açúcar, cebola fatiada, noz moscada, cravo, pimenta preta.

Preparação:

Acomodar os filés de peixe numa assadeira, cobri-los com água até mais ou menos dois terços da altura. Levar ao forno aquecido até o cozimento completo. Em seguida, retirar a assadeira do forno e escorrer a água.

Em uma panela, reunir todos os outros ingredientes, usando o açúcar e o vinagre em quantidades tais que se obtenha um molho agridoce. Deixar o molho no fogo até o ponto em que as cebolas não cheguem a amolecer demais.

49 Todas as receitas deste capítulo têm como fonte a publicação: TOCCI, Augusto e REVELLI, Alex. *Tacuinum Mediovale – Itinerario Gastronomico nella Storia* ali & no editrice: Perugia, 2003.

Fritar os filés de peixe rapidamente em azeite de oliva e escorrer bem.

Dispor os filés numa travessa e cobrir com o molho de cebolas antes de servir

Linguado ao gengibre

Ingredientes:

Filés de linguado, vinho seco, vinagre de vinho, gengibre, canela, sal.

Preparação:

Colocar os filés em uma assadeira, temperá-los com sal, pimenta, gengibre e canela. Levar ao forno por cerca de ½ hora, banhando frequentemente com vinho e vinagre. Servi-los em uma travessa com o caldo do cozimento.

Molho de pimenta para carne de porco

Ingredientes:

Vinho tinto seco, gema de ovo, pimenta preta, cravo, açafrão e sal.

Preparação:

Misturar o vinho e as especiarias com a gema de ovo em uma panela a fogo médio. Quando começar a ferver, abaixar o fogo e deixar cozinhar por mais dez minutos.

Indicado para carne de porco cozida a gosto.

Molho de leite de amêndoas ao vinho

Ingredientes:

Leite de amêndoas feito com vinho, uvas, pinoli, açúcar, gengibre em pó, canela, cravo e açafrão.

Preparação:

Em uma panela, ferva o leite de amêndoas com os demais ingredientes. Misturar continuamente até que o molho comece a adensar.

É um molho que exalta notavelmente o gosto da carne de frango.

Polpetone de carne com molho de uva-passa e leite de amêndoas

Ingredientes para o polpetone:

Carne de porco picada na tábua de carne, ovo, uvas, tâmaras sem caroço e fatiadas, açúcar, alecrim batido e sal.

Ingredientes para o molho:

Vinho tinto, uva-passa, leite de amêndoas, pimenta preta, canela, gengibre, açafrão e alecrim.

Preparação:

Em uma panela, junte a carne picada, os ovos, o açúcar, as especiarias e o sal. Divida o composto em três partes. Junte duas em uma assadeira e modele em forma de salame com as extremidades pontiagudas e um grande sulco no meio. Com o restante do composto, faça bolas que você vai colocar no sulco. Cobrir o polpetone e enforná-lo.

Terminado o cozimento, deixe esfriar.

Nesse meio tempo, em um pilão, reduza as uvas a um composto homogêneo ao qual se vai incorporando o vinho e misturando com cuidado.

Terminada essa parte, em outra vasilha, adicione o leite de amêndoas, o composto de uvas, a pimenta, o alecrim e o açafrão. Ferva tudo, misturando. Feito isso, acrescente gengibre e canela e deixe adensar.

Apresente a preparação em uma travessa com o molho à parte.

Coelho no leite de amêndoas

Ingredientes:

Carne de coelho cortada em pedaços, vinho seco, leite de amêndoas com vinho, caldo, gengibre em pó, cravo, noz-moscada e manteiga para dourar.

Preparação:

Numa frigideira de ferro, derreta a manteiga para dourar a carne. Numa panela grande, depois de unir o vinho e o caldo, acrescente a carne e leve ao fogo até que fique bem cozida. Reserve. Prepare, então, o leite de amêndoas como de costume, acrescentando caldo e vinho para diluí-lo, e aromatize com especiarias. Por fim, junte a carne ao leite de amêndoas numa panela e termine o cozimento em temperatura média.

A particularidade desta receita é a combinação do leite de amêndoas com a carne dourada na manteiga e o caldo de cozimento da carne.

Frango no leite de amêndoas e pétalas de rosas

Ingredientes:

Carne de frango picada em pequenos pedaços na tábua de carne, leite de amêndoas, pétalas de rosas frescas, açúcar, açafrão e manteiga.

Preparação:

Numa frigideira grande, derreta a manteiga e doure os pedaços de frango. No pilão, macere as pétalas de rosa com o auxílio do leite de amêndoas. Despeje essa mistura numa panela grande e junte o frango dourado, o açúcar e o açafrão. Ferver, misturando bem, e servir bem quente.

Sopa de gotas de ovo

Ingredientes:

Carne de frango, vitela e porco cortados em pedaços, caldo de carne, gema de ovo, vinagre de vinho branco, suco de uva branca, pimenta preta, gengibre em pó, noz-moscada e sal.

Preparação:

Leve ao fogo o caldo, acrescente as carnes e espere ferver em fogo baixo com a panela tampada. Depois disso, tire a carne e reserve. Numa panela, misturar a gema do ovo, o vinagre, o suco de uva e as especiarias. Volte o caldo para o fogo e acrescente a carne e o composto com o ovo. Mexer energicamente por cinco minutos e finalizar o cozimento. Servir quente.

A Gastronomia do Renascimento

Delineia-se uma culinária italiana

Na segunda metade do século XV, o âmbito "italiano" das referências culinárias é já delineado. Nessa época, a Itália vivia o período conhecido como Renascimento[50] (que se estende de fins do século XIV até a segunda metade do século XVI) e caracteriza-se pela ascensão da burguesia comercial, financeira e industrial, implicando em profunda modificação na estrutura da sociedade europeia, que se tornou dividida e fragmentada como nunca.

Também na forma de alimentar-se, a distinção entre as classes privilegiadas e as mais humildes sofreu transformações. As disparidades não se manifestaram somente entre os vários estratos sociais, mas também entre as áreas rurais e urbanas. Sustentada pela pompa da corte italiana, nasce nesse período uma verdadeira "literatura da cozinha" destinada a fins acadêmicos, mas também a especialistas e estudiosos da gastronomia a serviço dos senhores que se ocupavam de adaptar as preparações ao gosto das classes superiores[51].

50 A partir da metade dos anos de 1400 (século XV), enquanto na Inglaterra e França nascem as grandes monarquias nacionais, na Itália se fixa definitivamente a divisão entre regiões. Mas ao mesmo tempo, pela primeira vez, o país é pensado como entidade política única, e os quarenta anos que se seguem são de paz à sombra dos Médici, que criam a Liga Itálica, envolvendo em um tratado de paz as grandes potências: Milão, Veneza, Florença, a Roma dos Papas e Nápoles. O equilíbrio político e a forte expansão econômica trazem consigo também o equilíbrio intelectual, envolvendo as universidades e as cortes, que se cercam de poetas e de artistas. Como símbolo desses anos de paz pode-se pensar no *L'Uomo di Vitruvio*, desenhado por Leonardo da Vinci para estudar a harmonia e o equilíbrio perfeito do corpo humano. O fim desse equilíbrio é causado por potências estrangeiras que queriam conquistar os riquíssimos ducados italianos.

51 TOCCI, Augusto e REVELLI, Alex.

Dessa forma, a arte culinária nesse período atingiu picos nunca antes experimentados, ainda que sob inspiração medieval, seja pelo gosto da mistura doce/salgado, seja pela apresentação teatral dos pratos.

Se um dos traços surpreendentes da cozinha medieval era o parco uso do leite e dos laticínios, foi no Renascimento que as gorduras de origem animal, sobretudo a manteiga, triunfaram. O creme de leite, até então ignorado, torna-se ingrediente de várias receitas.

Da época precedente, permanecem como herança os assados, as massas recheadas, as tortas, os doces e os animais, como se estivessem vivos e revestidos de sua plumagem, decorados com ouro ou recobertos de cores. Outro elemento do passado foi o uso de molhos leves, à base de frutas ou de plantas aromáticas, com espessante feito de migalhas de pão torrado, várias farinhas e amêndoas ou ovos.

Na gastronomia do Renascimento, houve uma grande preferência por ensopados e um florescimento extraordinário das massas esticadas e recheadas, para superar a concorrência externa que não valorizava a massa feita na própria cozinha.

Os cítricos permaneceram aromatizantes básicos, e a fruta conquistou uma posição proeminente entre os pratos servidos como entrada.

As verduras, legumes e saladas ganharam proeminência, mas não ao ponto de minar o uso da carne de abate, que, ao contrário, foi reforçado, especialmente a carne de boi e a vitela, originando uma verdadeira paixão pelos miúdos e vísceras de animais.

Nos séculos XV e XVI, amplia-se no território italiano a tradição de intenso consumo de produtos da horta, como repolho, nabo, abóbora, e toda sorte de ervas, além de legumes: a fava e a ervilha, por exemplo, estão na base de inúmeras preparações, como sopas, tortas e panquecas.

A alcachofra, conhecida na Idade Média, mas pouco aceita, teve seu cultivo aperfeiçoado pelos horticultores italianos do século XV. Nos livros de receitas, a primeira citação remonta a um texto anônimo napolitano de fins do século. Os textos do século seguinte fazem amplas referências ao uso da planta, havendo, até mesmo, quem explicasse como se deve tratá-la corretamente.

> Ao comprá-las, elas devem estar firmes e sem manchas. Prefira espécimes menores, com pontas bem fechadas. O caule deve ser duro e sem partes moles ou amareladas. Se o caule for longo e ainda tiver folhas, verifique se estão frescas. Para a conservação, é aconselhável: se forem muito frescas e tiverem caule comprido, mergulhe-as na água como faria com flores frescas. Para guardá-las na geladeira, retirar as folhas externas mais duras e o caule; lavadas e bem secas, devem ser colocados em saco plástico ou recipiente hermético: duram pelo menos 5-6 dias. Também se pode congelá-las depois de limpas e escaldadas em água com sumo de limão e colocadas em recipientes rígidos. Saborosos e versáteis, esses vegetais representam uma verdadeira mina de princípios ativos, úteis tanto para a digestão e diurese quanto para os cuidados de beleza do rosto, corpo e cabelos[52].

Apesar da imagem de marginalidade social e cultural, reforçada pela particular atenção de que gozava na culinária judaica, a berinjela en-

52 Disponível em: https://www.taccuinigastrosofici.it/.

controu seu lugar nas mesas italianas. Dentre os produtos da horta, era considerada um dos alimentos mais afrodisíacos, dentre tantos[53].

Alimentos afrodisíacos

O termo afrodisíaco deriva do nome da deusa grega Afrodite, identificada pelos romanos como Vênus, que na mitologia era a protetora do amor, da beleza, da sexualidade e da luxúria.

Afrodite, muitas vezes caracterizada como vaidosa, zangada, melindrosa, era a esposa infiel de Hefesto, deus do fogo. Em algumas cidades gregas, a bela deusa tinha uma festa dedicada a ela, e as relações sexuais com suas sacerdotisas eram consideradas uma forma de adorá-la.

Nas sociedades grega, etrusca e romana, acreditava-se firmemente na conexão íntima entre mesa e cama, por motivos mágicos, religiosos ou terapêuticos.

Os povos da antiguidade recorreram a muitas substâncias e alimentos mais ou menos eficazes, tanto para homens como para mulheres, concebidos para estimular e aumentar a sexualidade, a excitação amorosa, bem como a fertilidade e a gravidez. De acordo com a magia, os órgãos genitais de animais e alimentos que se assemelhavam a falos ou testículos também eram afrodisíacos.

53 A partir do ano 1000, surgiram diversas opiniões sobre a fruta. O médico árabe Ibn Botlan acreditava que o produto gerava "humores melancólicos" e levava a um desejo sexual desenfreado. O filósofo persa Avicena escreveu: "... eles comem os frutos para obter a luxúria". Taddeo Alderotti, primeiro professor de medicina da Universidade de Bolonha, citado em uma coleção anônima do século XIV, chegou a propor uma tese segundo a qual enlouqueceria quem comesse pelo menos nove berinjelas. No século XVI, Mattioli relembrou seus usos populares e propriedades afrodisíacas: "comido frito em óleo com sal e pimenta como os cogumelos (...) na Itália costumavam comer essas frutas para provocar a luxúria. Disponível em: https://www.taccuinigastrosofici.it/.

Durante a Idade Média, a categoria dos estimulantes eróticos foi enriquecida, sobretudo por especiarias.

Após a descoberta da América, a partir do século XVII, tomates, batatas, pimentões e principalmente cacau passaram a receber valor afrodisíaco.

A medicina do século XVIII considerava estimulantes os tônicos (álcool, absinto) e todos os alimentos picantes e especiarias com cheiro intenso, como noz-moscada, canela ou baunilha.

No século XIX, até alimentos ricos em fósforo, como ovos, peixes e queijos, passaram a ser considerados afrodisíacos.

Finalmente, de acordo com a medicina contemporânea, alimentos e especiarias contendo sedativos (vinho e destilados), hormônios (ginseng), neuromoduladores (cacau e feijão), vasodilatadores (alho), irritantes e congestionantes (pimenta) podem desempenhar função afrodisíaca.

Nos livros dos autores do século XVI, aparecem a vagem e a couve-flor, e é nesse período que começa a ser cultivada a erva-doce, uma variedade do funcho aromático empregado como condimento na cozinha medieval. A erva-doce comparece praticamente em todas as listas de receitas dos cozinheiros mais famosos e era servida sempre ao fim da refeição, segundo um costume ainda em voga, sobretudo no sul.

Desde a antiguidade, gregos e romanos já conheciam o *tartufo* ou trufa, fungo subterrâneo de cheiro não muito agradável, ao qual escritores como Plínio e Apício atribuíam virtudes terapêuticas e afrodisíacas, além de ser um produto considerado de origem divina. Contudo, foi necessário que se esperasse o Renascimento para que surgissem as primeiras referências escritas sobre emprego na culinária tanto da trufa branca quanto da negra. Já nas primeiras décadas do século XVI a trufa era considera a joia das mesas aristocráticas e burguesas.

Nascimento da literatura gastronômica

O período do Renascimento deixou um grande patrimônio escrito, graças a um número significativo de autores que trataram de cozinha, alguns de grande notoriedade, como é o caso de Mestre Martino Rossi, da cidade de Como, e Bartolomeo Sacchi, o Platina, tidos como pais da gastronomia da Era Moderna.

Martino Rossi, primeira "marca" importante na história da cozinha italiana, o que se deve ao seu *Libro di Arte Coquinaria*[54], obra que constitui um verdadeiro salto de qualidade em relação à precedente literatura sobre o tema. Esse livro de receitas teria ficado desconhecido se, em 1474, o literato e humanista Bartolomeo Sacchi, o Platina, não o tivesse utilizado em sua publicação *De Honesta Voluptate e Valetudine*, manual de como enfrentar a vida de forma serena, sábia e higiênica. Platina traduziu o livro do Mestre Martino para o latim clássico, o que o tornou conhecido além das fronteiras italianas, tendo sido traduzido para o francês, o inglês e o alemão.

A obra de Platina, dividida em dez capítulos, de acordo com a tradição clássica, constitui uma preciosa fonte de notícias sobre a vida e a cozinha dos anos 1400. Da sugestão da prática de esportes à importância da escolha do cozinheiro, da preparação da mesa, da hora ideal da alimentação até os melhores métodos de se cozinhar qualquer alimento. A parte dedicada às receitas emprestadas de Mestre Martino dava à culinária europeia um impulso decisivo em direção

54 Mestre Martino, com passagem pelas regiões italianas e por todas as principais cidades da península, teria amadurecido sua formação profissional em Nápoles, o que explicaria o caráter meridional de sua cozinha. Seu livro, escrito possivelmente em Roma, nos anos 1464-65, apresenta uma abordagem inter-regional, o que contribuiu de maneira decisiva para a definição de um modelo "italiano" de cozinha.

à gastronomia moderna, dando um definitivo adeus à Idade Média. Ora, não era necessário temperar cada prato com dúzias de especiarias para demonstrar o quanto era rico, mas apenas cozinhar bons alimentos da forma mais natural possível.

No texto de Mestre Martino, havia também uma influência inconfundível da culinária árabe, não apenas nos molhos que ele preparava com passas, ameixas e uvas, mas também na ampla variedade de sobremesas, que variavam de maçãs cristalizadas a bolo de amêndoa.

Embora a nova cozinha italiana acolhesse a comida do campo, ela não o fazia incondicionalmente. Martino recusou comida de bebê, purê de cereais ou legumes e alguns cheiros, porque eram considerados grosseiros. Um exemplo do exposto acima é a afirmação de que: "... alho e cebola são bons para os agricultores, que os comem de bom grado e a quem são adequados para a pobreza de sua condição e para o trabalho que realizam"[55].

Quanto às massas, Martino Rossi dá a receita de *maccaroni siciliani*. Essa denominação se refere a uma massa curta, perfurada, e os *maccaroni romaneschi* referem-se ao *fettucini* e ao *tagliatelle*. Note-se que, à época, o termo macarrão já era usado no sentido geral de massa, e não como foi inicialmente concebido como referência ao medieval *nhocque*.

Ravioli do Mestre Martino

Mestre Martino oferece nhoque de queijo (que ele chama de "raviolo" branco) feito com "provatura" (semelhante à muçarela), manteiga, gengibre, claras de ovos e farinha (para ligar a massa). Esses bolinhos são cozidos e temperados com canela e manteiga.

55 TOCCI, Augusto e REVELLI, Alex.

Essa receita demonstra a leveza culinária do toque de Martino: apenas as claras são usadas, porque as gemas não apenas estragam a brancura da massa, como também a pesam.

Se a massa manufaturada descrita nos textos medievais e do Renascimento nos parece bastante familiar, o mesmo não acontece com as regras de cozimento, o tipo de tempero e a forma de uso. Em relação ao gosto italiano de hoje, que, em geral, privilegia o cozimento "ao dente", a massa de cinco ou seis séculos atrás tinha um cozimento muito mais prolongado. Quanto ao uso da massa, o costume a recomendava como contorno ou guarnição, preferencialmente para algum tipo de carne. Contudo, pode-se talvez designar dois tipos de uso, socialmente diversificados: a massa como contorno, na cozinha aristocrática, e a massa como prato em si, na cozinha popular e burguesa. Quanto ao tempero, a massa desde o início inclui o acompanhamento obrigatório do queijo. A partir do século XV, ao queijo é acrescida uma porção de manteiga e também de especiarias tidas como doces. Praticamente todos os pratos com massa das receitas da época são servidos com queijo, açúcar e canela.

A cultura medieval associa as tortas às verduras, como observa Bartolomeo Sacchi, o Platina[56], "... o prato que chamamos comumente de torta, creio que tenha esse nome pelo fato de que, as verduras normalmente usadas para prepará-lo são cortadas e *tòrte*, ou seja, torcidas". Por outro lado, ainda segundo Platina, "a gastronomia do nosso século não se contenta mais com produtos apenas da horta e exige preparações à base de massas com carne de aves e outros animais", sem esquecer que nas receitas da época aparecem tortas com peixes,

56 PLATINA. *Il piacere onesto* e *La buona salute,* 1474.

cereais, frutas, tudo pode entrar numa torta, inclusive queijo e ovos, esses também como elemento de ligação na massa.

Sobre esse tema, no quinto livro da obra de Bartolomeo Scappi[57], inteiramente dedicado às massas, o autor cria uma tipologia do artefato definindo três categorias: *pasticcio*, *crostata* e *torta*. Por *pasticcio*, Scappi entende um manufaturado de massa dura, não necessariamente comestível, de acordo com a tradição medieval dentro da qual se cozinha diversos tipos de grãos. Muito precisas são as regras para a massa: deve ser à base de farinha e água fria e sem sal, porque, se for feita com água quente e sal, a mistura fermenta e faz rachaduras com facilidade, tornando-se inadequada. Depois de pronta, a massa deve repousar por meia hora para que fique firme e pastosa e se faça um recipiente de massa fina, de forma redonda, com a altura de meio dedo. Então, coloca-se o recheio, uma camada de massa para cobri-la e será cozida em forno quente como se fosse pão. Para a *crostata* e a *torta,* utilizam-se camadas de massa fina, feitas com gordura de porco ou manteiga, macia, adaptada para ser comida.

Sobre o consumo de carnes, é Platina que, lá pela metade do século XV, ainda ligado à valorização preferencial das aves, afirma que "a carne de vitela é talvez o alimento mais equilibrado. Não à toa é servida com frequência na mesa dos nobres[58]". No século seguinte, permanece a mesma tendência. Bartolomeo Scappi, em 1570, abordando o tema das carnes, não deixa dúvidas sobre qual delas merece prioridade. À carne de boi dedica por volta de vinte receitas. À vitela nada menos que trinta e seis preparações utilizando diversas partes do animal, da testa aos pés. Neste sentido, a grande diversificação das propostas gastronômicas nasce de uma extraordinária competência

57 SCAPPI, Bartolomeo. *Opera*, Tramezzino, Venezia, 1570.

58 PLATINA. *Il piacere onesto* e *La buona salute,* 1474

anatômica. Nada do animal se perde, e tudo exige uma específica preparação. Não era tanto uma questão de utilizar tudo, mas de apreciar tudo como uma espécie de respeito total às vítimas sacrificadas.

Ainda sobre o livro de receitas de Mestre Martino, ressalte-se que o mesmo apresenta receitas manuscritas e foi atualizado em numerosas edições, tendo continuado a circular até meados do século XVI com grande sucesso. Entre os que contribuíram para a divulgação do autor, destaca-se o já mencionado humanista Bartolomeo Sacchi, conhecido como Platina, que, em Roma, conheceu o cozinheiro e com quem provavelmente compartilhou a redação do manuscrito.

As receitas abaixo foram retiradas do *Libro de Arte Cocquinaria* do Mestre Martino, escrito em torno de 1450. O autor, em alguns casos, dá indicações bastante vagas e genéricas:

Linguado

Ingredientes:

Filés de linguado, azeite, sal, pimenta, salsa, suco de laranja e limão

Preparação:

Limpe, lave, enxugue e tempere os filés de linguado com sal e pimenta.

Aqueça em fogo baixo um pouco de azeite numa frigideira. Doure os filés de peixe de ambos os lados no fogo alto sem enfarinhá-los. Em seguida, abaixe o fogo e derrame sobre os filés suco de laranja e limão e os polvilhe com bastante salsinha bem triturada. Sirva em seguida numa travessa guarnecida com fatias de laranja e limão e alguns raminhos de salsinha.

Carbonata[59]

Ingredientes:

Carne de vitela, cebola, manteiga, vinho tinto, sal e pimenta.

Preparação:

Corte a carne em fatias e doure-as na manteiga bem quente de ambos os lados e reserve. Fatie finamente as cebolas e refogue utilizando o fundo de cozimento da carne. Quando estiver colorida, volte com a carne e despeje um copo de vinho tinto. Salgue e deixe cozinhar em fogo baixo. Acrescente mais vinho à medida que a bebida for evaporando. Pouco antes de tirar do fogo, ajuste o sal, a pimenta e sirva bem quente.

Refogado de coelho

Ingredientes:

1 coelho, 100g de banha, vinho branco, 2 ou 3 gemas de ovo, caldo de carne, vinagre, salsinha, sálvia, açafrão, especiarias, azeite, sal.

Preparação:

Limpar e lavar bem o animal e deixá-lo de molho por 1 hora em água fria com 1 copo de vinagre. Em seguida, corte a carne em pedaços. Numa frigideira, coloque um pouco de banha e sálvia e doure os pedaços da carne e, em seguida, regue com um copo de vinho. Coloque a tampa na frigideira e cozinhe a carne em fogo baixo, depois de temperá-la com sal.

Enquanto a carne cozinha, bata as gemas de ovo, junte um

59 Martino chamou esta preparação de carbonata inspirado pela cor, escura como o carvão, que assumia a carne graças ao cozimento no vinho.

pouco de vinho, o caldo, uma borrifada de vinagre, o açafrão e as especiarias (um pouco de noz moscada e cravo em pó).

Quando a carne estiver cozida, retire a sálvia e escorra a gordura do cozimento. Acrescente o composto obtido com as gemas de ovo. Volte a panela para o fogo por alguns minutos, tendo o cuidado de mexer bem. Acrescente a salsinha triturada, mexa mais um pouco. Sirva bem quente em uma travessa, guarnecido com ramos de salsinha.

Minestra ou sopa da viúva

Ingredientes:

Macarrão "rigati", caldo, banha, cebola, alho, batata cozida.

Preparação:

Depois de preparado o caldo[60], corte a banha em fatias grosseiras sobre uma tábua de cortar. Na mesma, pique a cebola e o alho. Em seguida, use uma panela de barro para dourar a banha junto com o alho e a cebola. Quando a base adquirir uma bela cor dourada, acrescente o caldo quente. A mistura deve ser deixada no fogão por cerca de uma hora. No final, ajuste com sal sem exceder.

Para completar a sopa, acrescente o macarrão. Originalmente, as massas em voga nesta (e em outras sopas) eram tagliatelle, ou espaguete partido (com as mãos) ao meio.

A consistência da sopa deve ser espessa, cremosa, pois é muito mais saborosa. Para isso, durante a fervura, é aconselhável ralar uma ou mais batatas cozidas.

60 Algumas vezes, o caldo utilizado era de frango. As sopas de carne, na verdade, eram um luxo de domingo. Costumava-se usar caldo de legumes, que, na prática, incluía folhas de repolho, aipo, ervas silvestres e, mais antigamente, borragem.

História da minestra ou sopa

Segundo o dicionário, *minestra* é um prato de arroz ou macarrão, em caldo com verduras e legumes, ou cozido em água, escorrido e temperado.

Em italiano, entretanto, a *minestra* pode ser em caldo ou seca. Contudo, a designação nasceu como um "caldo" e, ainda hoje, por *minestra* entendemos principalmente um preparado líquido com vegetais.

O termo *minestra* é muito antigo e é usado desde o século XIII. Vem do latim *minestrare*, que significa administrar e também servir à mesa. Essa palavra assumiu ao longo do tempo uma conotação um pouco negativa, sendo usada como sinônimo de falta de alternativa, tipo "... come sempre a mesma *minestra*", "... coma esta *minestra* ou pule da janela", "... um prato de *minestra* não se nega a ninguém".

Minestrina, diminutivo, sempre se refere a pratos em caldo *light*, enquanto o *minestrone*, aumentativo, indica um preparo à base de vegetais, macarrão e arroz.

O termo sopa, por outro lado, é muito mais recente (séculos XV-XVI) e deriva da palavra gótica *suppa* que significa "fatia embebida". O seu preparo é feito de pão (velho) embebido em caldo de legumes e verduras. As sopas de grão-de-bico, lentilha e feijão se difundiram a partir desse período.

Mais frequentes são as referências a receitas com produtos locais nas páginas de Platina, colaborador de Martino em seu *Libro,* como já foi ressaltado. Contudo, o trabalho de Platina tem um corte diverso do de Martino, porque enquadra as receitas em um contexto cultural e científico mais amplo, delimitando o papel que cada alimento pode ocupar no "sistema" culinário, do ponto de vista dietético e de costumes alimentares. Ele concentra sua atenção sobre "produtos", fornecendo numerosas e sistemáticas referências às realidades locais. Dessa forma, ele se revela filho de uma cultura inequivocamente "italiana" ligada a experiências pessoais e a circuitos de trocas comerciais com toda a península. A obra de Platina direciona-se, sobretudo, à classe média/alta e à elite burguesa, intelectualmente preparadas para receber e operacionalizar, no dia a dia, um novo padrão de alimentação[61]. Segue algumas receitas de Platina:

Trufas negras sob cinzas de Bartolomeu Sacchi, o Platina

Se cozinha nas cinzas quentes depois de as haver lavado com vinho. Quando estiverem cozidas, limpas e temperadas com pimenta, devem ser servidas ainda quentes aos convidados, após um prato de carne.

Abobrinhas fritas ao molho de pão

Ingredientes:

Abobrinhas, óleo de amendoim, pão ralado, vinagre, alho, sementes de erva-doce, açúcar, sal.

Preparação:

Lave a abobrinha e, depois de secá-la, corte-a em fatias. Frite as fatias com bastante óleo fervente e, quando estiverem douradas dos dois lados, escorra em papel absorvente. Em uma tigela, coloque as migalhas de pão embebidas em vinagre, alho, sementes de erva-doce trituradas, açúcar e uma pitada de sal. Misture os vários ingredientes cuidadosamente e passe na peneira. Despeje o molho obtido na abobrinha e deixe descansar por algumas horas antes de servir.

61 Disponível em: https://www.taccuinigastrosofici.it/.

Torta de cereja de Platina

Ingredientes:

200g de farinha, 80g de manteiga, 50ml de água, 1 pitada de sal, 1kg de cerejas, 8 colheres de pétalas de rosa da cor rosa, 200g de mascarpone, 1 pitada de pimenta, ½ colherinha de gengibre, 4 ovos, 4 colheres de açúcar, 2 colheres de água de rosas.

Preparação:

Misture a farinha com a manteiga e junte a água e o sal. Deixe a massa repousar na geladeira por uma hora. Em seguida, abra a massa com um rolo e estenda numa assadeira untada.

Descaroce as cerejas e esmague-as num pilão junto com as pétalas de rosa.

Prepare um glacê com o mascarpone, juntando a pimenta, o sal, o gengibre em pó e os ovos batidos. Espalhe o composto de cerejas e pétalas de rosa sobre a massa. Cubra com o glacê.

Asse por 40 minutos em forno a 180 graus. Terminado o cozimento, polvilhe açúcar e água de rosas.

Curiosidade: crustáceos e arte[62]

Presente desde a antiguidade nas mesas de banquete, as lagostas, os camarões e os caranguejos representam o emblema do Renascimento e da Ressurreição, mas também são um símbolo de instabilidade.

Os crustáceos eram um alimento precioso para os romanos e assim permaneceram na culinária medieval e renascentista. Platina, sublinhando como os crustáceos, apesar de saborosos,

62 Disponível em: https://www.taccuinigastrosofici.it/.

eram alimentos indigestos, sugeriu torná-los mais leves, cozinhando-os em água e vinagre.

Banidos pelos regulamentos alimentares judaicos, que indicam peixes com escamas como o único alimento consumível para peixes, os crustáceos não sofreram restrições particulares entre os cristãos.

Nos escritos exegéticos medievais, tanto a lagosta quanto o caranguejo receberam o significado do símbolo da Ressurreição. Também na Idade Média, a lagosta que subia à superfície do mar, e logo afundava em seguida, representava também o pagão, o herege ou o adulador que casualmente mudava de pensamento.

Na linguagem simbólica do comportamento, tanto o caranguejo quanto o camarão identificam a instabilidade e a inconstância por seu andar característico de avanços e recuos aparentemente desmotivados; de acordo com a mesma interpretação, eles personificam o pecado e até mesmo o diabo, que se acredita estar andando para trás.

Enquanto a percepção inter-regional da cultura gastronômica italiana é um dado comum à maior parte da literatura do Renascimento, outros autores parecem mais ligados a uma visão e uma prática inter-regional, porém centrada com mais ênfase em uma determinada cultura. É o caso de Cristoforo Messiburgo que em seu *Banchetti* (1549) conserva, sobretudo, as especialidades e usos da área do Vale do Pó. Esporadicamente, contudo, aparecem em sua obra receitas à florentina, à romanesca, à napolitana e de outras áreas do país.

Messiburgo foi administrador e mestre de cerimônia da corte, tendo recebido o título de conde Paladino do imperador Carlo V em janeiro de 1533[63]. Este homem da corte, além do sabor, interessava-se

63 Em 1494 rompe-se a harmonia dos estados italianos com a invasão dos franceses reclamando o Reino de Nápoles, que havia sido passado aos espanhóis. Na sequência, os franceses atacam o ducado de Milão, e a Espanha faz um acordo com

pelo visual e pelo áudio dos banquetes, proporcionando prazerosos intervalos entre os pratos, com dança, comédia e música.

Com muita elegância, incrementou os banquetes com suas exibições de manipulação de vinte e cinco facas e garfos de vários modelos, conseguindo destrinchar os assados sem tocar-lhes com as mãos. Soube transformar o "desmembramento" em uma arte, e seus numerosos alunos se tornaram os mestres de cerimônia mais ambicionados da Europa. Seguem receitas de Mestre Messiburgo:

Trufas brancas em salada à moda de Messiburgo

Limpe as trufas com uma escovinha sob água e, em seguida, lave-as em água corrente. Enxugue com um pano, corte-as com um cortador apropriado e disponha em um recipiente com alcaparras e uvas passas. Faça um triturado de salsinha e alho, acrescente sal e pimenta, misture tudo com azeite, um pouco de vinagre e derrame sobre a salada de trufas.

a França e, em nome do equilíbrio europeu, destrói o equilíbrio italiano: com um tratado de paz entre os dois países, a Espanha fica com o Reino de Nápoles e todo o sul da Itália, e a França ocupa o ducado de Milão. Esse equilíbrio, contudo, dura pouco: quando Carlo V d'Asburgo se torna imperador da Áustria (1519), dos Países Baixos e da Espanha (também de suas colônias americanas), tira dos franceses o ducado de Milão. Em 1529, o Papa coroa Carlo V rei da Itália. Este fica longo tempo em Milão e tenta influenciar outras áreas do centro, mas não consegue. Os Savóia, Veneza, e os Médici fazem todo o possível e conseguem impedir uma efetiva unificação do domínio espanhol na Itália.

Trufas negras cozidas à moda de Messiburgo

Cozinhe as trufas em vinho branco. Corte-as em fatias e passe-as no azeite bem quente. Sirva as trufas temperadas com suco de laranja e pimenta.

Peras em calda de vinho

Ingredientes:

Peras, açúcar, manteiga, vinho tinto, água de rosas, canela.

Preparação:

Depois de haver limpado as peras, corte-as em quatro partes no sentido do comprimento. Remova os caroços.

Leve à fervura o vinho tinto e derreta a manteiga e o açúcar e junte a água de rosas e a canela. Acrescente as peras cortadas e as cozinhe por 20 ou 30 minutos, até que as peras fiquem cor de rosa. Escorra e sirva. Essas peras são servidas frias, mas se pode também utilizar o suco do cozimento, transformando-o em um creme para ser derramado sobre as peras.

Nesse caso, no caldo do cozimento, acrescente farinha de amêndoa e ajuste o açúcar, se necessário.

Em seguida, leve ao fogo, até obter um creme suficientemente denso. Se quiser, pode acrescentar um licor aromatizado.

Derrame esse creme bem quente sobre as peras já frias e sirva!

Pescada em panela de barro

Ingredientes:

Pescada, folhas de sálvia, vinho branco, vinagre, azeite, sal.

Preparação:

Corte as pescadas em pedaços, eliminando cabeça e rabo. Em uma panela de barro esquente o azeite, junte o peixe e doure levemente os pedaços de ambos os lados. Neste ponto, tempere com sal, cubra o peixe com vinho branco misturado com vinagre, acrescente algumas folhas de sálvia e continue o cozimento até a absorção total do líquido. Deixe esfriar e sirva.

Torta de pão e ricota à Messiburgo

Ingredientes:

Pão, ricota, leite, açúcar, ovo, amêndoas, uvas-passas, raspas de limão, farinha, canela, manteiga e sal.

Preparação:

Corte o pão dormido em pequenos pedaços e os coloque numa vasilha com o leite para que fiquem amolecidos. Depois que o líquido tenha sido absorvido, junte a ricota amassada, açúcar, ovo, amêndoas, uvas-passas amolecidas, raspas de limão, canela e uma pitada de sal. Misture tudo muito bem e transfira para uma forma untada com manteiga e farinha. Polvilhe a torta com manteiga e açúcar e leve ao forno até que fique bem dourada. Deixe esfriar antes de servir.

Nota: Em relação à receita original, o queijo duro ralado foi substituído pela ricota.

Ainda no século XVI, mais precisamente no ano de 1570, o já citado Bartolomeo Scappi, tido como o cozinheiro de cardeais e papas, publica em Veneza o quarto livro de sua obra[64], o texto mais maduro da experiência culinária do Renascimento. O autor declara tê-lo dedicado à lista de coisas que se pode servir mês a mês, de acordo com a alternância entre a alimentação dos períodos de "gordo" e de "magro" usada na Itália e principalmente em Roma, capital da cristandade, onde Scappi trabalha como "cozinheiro secreto" do papa Pio V. Roma continua a ser a capital do mercado de alimentos, porém não mais um mercado "universal" como o da Roma Imperial, mas concentrado nos produtos da península. A Itália gastronômica de Bartolomeo Scappi representa entidade cultural e econômica extraordinariamente compacta e homogênea. Não só a detalhada lista de receitas do quarto livro, mas sua obra como um todo desenha uma imagem completa do patrimônio culinário "italiano". O autor enfoca três Itálias em sua obra: a Lombardia, ou Itália padana; a Itália pontifícia; e o "Reino", isto é, toda a área do sul, inclusive a Sicília. Segundo uma ótica tipicamente italiana, três cidades resumem a cultura gastronômica dessas três áreas: Milão, Roma e Nápoles. Contudo, um papel significativo é destinado a Veneza, cujo mercado e culinária são bem conhecidos de Scappi, por experiência própria. Outras cidades menores, como Florença e Gênova, completam o quadro de uma Itália territorial e culturalmente diversificada, característica constantemente ressaltada por Scappi, cujos esforços são no sentido de compreender e confrontar tais diversidades, além de suas convergências.

Que a existência desse mercado diversificado favoreça a troca de receitas e de costumes gastronômicos é bastante evidente na obra de

64 SCAPPI, Bartolomeo.

Scappi. Não se trata de inventar uma cozinha igual para todos. Assim como não existem produtos "italianos", não existe cozinha "italiana", mas um encontro de diversas tradições entre um mesmo circuito de trocas. A Itália é a soma de várias realidades locais.

Qual Itália, então, há em mente Bartolomeo Scappi? É muito claro: uma Itália urbana, mas de grandes cidades, que de Milão e Veneza, através de Gênova, Bolonha e Florença chegam a Roma e a Nápoles.

Em seu trabalho, Scappi se revela um reformador de todos os pontos de vista. Não se limita a ensopados simples e carnes cozidas, mas aplica técnicas mais refinadas, como marinada, recheia tortas salgadas com alcachofras, ervilhas ou outros vegetais, e enche sobremesas com ricota ou queijo macio. Apesar dos muitos pratos, lombardos, toscanos e bolonheses, o autor não desprezava a culinária estrangeira, como o cuscuz arabesco. Scappi também introduziu outro campo na gastronomia renascentista italiana, a de *credenza,* a saber, pratos frios: de massas folhadas recheadas a salsichas, mariscos e aperitivos combinados com sobremesas.

É importante citar a Ópera de Scappi justamente por se tratar de uma obra literária impressionante, que se divide em seis volumes, com diversos temas e tópicos. Nos volumes, encontram-se muitas soluções técnicas de restauração e aulas de culinária, listas de pratos, técnicas exclusivas relativas à conservação de alimentos, detalhes para a organização de banquetes, dicas de culinária para pessoas enfermas, noções básicas de culinária dietética e, também, elementos de higiene.

Scappi, a este respeito, continua a ser um verdadeiro precursor. Ele sentiu que um bom nível de vida aumenta o bem-estar e também a qualidade da existência humana, e que o ambiente onde são manipulados os alimentos deve estar limpo e arrumado. Do ponto de vista estritamente técnico, foi um autêntico profissional, tanto que utilizou os primeiros produtos que chegaram das Américas e, também, porque inventou soluções técnico-práticas para o setor. A enfarinhada e empanada, por exemplo, e ainda a selagem de carnes brancas e vermelhas antes do cozimento. Quanto às receitas que estão contidas na Ópera, identifica-se inovação substancial em comparação com a culinária da Idade Média. Se, em alguns aspectos, na época medieval, havia uma tendência à preferência pela caça (espécie emplumada), Scappi, em seu manual, também sugere o uso de carnes de criação, como frango, boi e porco. Scappi é tido como um grande inovador da gastronomia da época. De fato, sua obra literária teve grande aceitação e foi levada em consideração durante muito tempo, pois, a partir de meados do século XVII, identifica-se uma inexorável, mas contínua, involução da cozinha italiana, superada pela francesa. Com Bartolomeo Scappi, a gastronomia local alcançou excelentes resultados. Muitas décadas se passaram antes que se repetisse o consenso obtido por sua obra durante o Renascimento.

Trufas negras em sopa à moda de Scappi

Pegue trufas limpas da areia e as deixe sob cinzas quentes por meio quarto de hora. Ferva-as por quatro vezes no vinho e pimenta. Corte-as em fatias e coloque-as numa vasilha de cobre, cubra-as com azeite, um pouco de sal e pimenta. Cozinhe em fogo brando e acrescente um pouco de vinagre e mosto cozido e termine o cozimento. Pegue fatias de pão torrado e frito no azeite e banhe numa composição de vinho branco, vinagre, mosto cozido, açúcar, canela e cravo. Quando a composição ferver, despeje sobre as trufas com o caldo onde foram cozidas. Sirva quente.

Crostata de alici salgada de Scappi

Ingredientes:

Farinha, manteiga, água, anchovas (filezinhos de anchova), queijo ralado, ovos, sal, pimenta.

Preparação:

Limpe as anchovas, lave-as bem e seque-as.

Arrume a farinha, colocando a manteiga amolecida cortada em pedaços pequenos no centro, uma pitada de sal e um pouco de água morna.

Amasse e, sem trabalhar demais a massa, faça uma bola e enrole em um guardanapo, deixando-a descansar por algumas horas.

Prepare uma mistura com queijo ralado, ovos, uma pitada de pimenta, misturando tudo bem.

Com a massa, faça uma folha não muito fina e forre uma forma adequada. Coloque o recheio dentro decorando com os filés de anchova. Asse a crostata e sirva quente ou até fria.

Crostata de pêssego do Rei Sol

Ingredientes:

Massa podre, pêssegos, chantilly ou creme de leite, açúcar, baunilha, licor, geleia de pêssego.

Preparação:

Prepare a massa podre (pasta frolla) e a estenda com um rolo para obter um disco. Forre uma forma de torta e leve ao forno. Enquanto isto, lave e seque os pêssegos, corte-os ao meio, retire o caroço, arrume-os numa caçarola e junte o açúcar, a baunilha, o licor e a água para cobrir os frutos.

Coloque a panela em fogo médio e leve para ferver.

Remova a base da torta, já resfriada, da forma, e coloque-a em um prato de servir.

Molhe com licor e cubra com chantilly ou creme de leite.

Escorra os pêssegos, já frios, corte-os em rodelas e arrume-os em forma de coroa na base. Para finalizar, decore com geleia de pêssego, previamente dissolvida em uma panela com água.

Sirva a torta após deixá-la descansar por algumas horas.

Curiosidade

Luís XIV da França, conhecido como Rei Sol, tinha um apetite enorme, aparentemente devido a um intestino mais longo do que o normal. Entre padeiros, pasteleiros, açougueiros, cozinheiros e jardineiros, eram mais de 500 pessoas designadas para satisfazer os seus desejos. Os salões de banquetes do palácio surpreendiam pela abundância de comidas exóticas, frutas e vegetais obtidos graças às colheitas experimentais feitas nas estufas reais. Um dos privilégios mais cobiçados pelos nobres de Versalhes era assistir ao *Grand Souper*, que Luís XIV consumia em público ao meio-dia. Mais do que um almoço era uma cerimônia, na qual a divina supremacia do rei era enfatizada com etiqueta de ferro. Em sua mesa, sentavam-se apenas cardeais e príncipes, e cabia aos "funcionários da boca" anunciar os diferentes pratos em voz alta. Normalmente o *menu* incluía quatro sopas, faisão e perdiz, salada de legumes, ensopado de carneiro, presunto, sobremesas, frutas e ovos cozidos. Se à noite não houvesse festas especiais, o rei retirava-se para seus aposentos privados para um rico jantar embalado pelo som de violinos. Depois, para uma eventual fome noturna, os serviçais deixavam na mesa da sala os "primeiros socorros" de frios e doces.

Impacto dos produtos americanos

Após a primeira expedição de Cristóvão Colombo na América, o navegador escreveu: "... creio que encontrei ruibarbo e canela e que existem mais mil outras coisas de valor que serão descobertas pelos homens que deixei lá..." [65]. Num curto espaço de tempo, os primeiros exploradores deparam-se com um grande número de espécies vegetais desconhecidas: milho, cacau dos astecas, batata dos incas, tomate, malagueta, pimentão, quinoa, mandioca e batata-doce, sem esquecer os numerosos membros da família das abóboras e inúmeras frutas como abacaxi, abacate, figo-da-índia, maracujá, caju, goiaba, mamão etc.

Se algumas variedades já existiam nos dois lados do Atlântico, como o feijão, a maioria tem gosto de novidade. "O feijão (*Phaseolus vulgaris*) teve grande sucesso na Europa por se relacionar, também do ponto de vista morfológico a outras leguminosas como a fava e o feijão da espécie *dolicus*, conhecido dos romanos (duas receitas já aparecem na coleção de Apicio)." [66]

Baldassar Pisanelli (1611)[67] resume as opiniões médicas da época em relação ao feijão da seguinte forma: "Eles fazem urinar, causam meses para as mulheres e engordam o corpo", mas infelizmente "eles produzem muitos gazes, induzem náuseas, sobrecarregam o estômago, provocam pesadelos, tonturas e enchem a cabeça", portanto, de acor-

65 TOCCI, Augusto & REVELLI, Alex.

66 CAPATTI, Alberto & MONTANARI, Massimo.

67 Disponível em: https://www.taccuinigastrosofici.it/.

do com a concepção de "classe" de alimentos que caracteriza as crenças da época, "... podem ser usados por quem tem estômago forte". Dessa forma, o feijão passa a ser o prato dos operários e camponeses por excelência, um acompanhamento tosco que, na esteira da tradição da sátira ao camponês, reafirma a grosseria do seu consumidor.

De uma forma geral, o discurso médico é hostil às inovações trazidas das Américas. Afinal, um alimento saudável é antes de tudo um alimento familiar, enquanto qualquer alteração nutricional corre o risco de produzir um desequilíbrio nos humores responsável por complicações digestivas. A constatação de que tais produtos eram já consumidos pelos nativos da área de origem – aliás, selvagens não cristianizados – não parecia ser um argumento admissível na época. Bruyeren Champier[68] atribui o aparecimento de novas doenças à introdução imprudente de alimentos das Índias. Por exemplo, alguns acreditavam que a batata pudesse transmitir a lepra.

O tomate, curiosidade exótica, fruto ornamental tardiamente comestível, aparece nas obras dos naturalistas e dos viajantes. Em princípio, começou a ser preparado da mesma forma que se preparava os cogumelos: frito no azeite e temperado com sal e pimenta. Só no século XVIII, o tomate, que experimentou um consumo precoce nas classes populares, emerge na cozinha da classe alta, graças à influência ibérica, atestada pelas várias receitas preparadas com tomate "à espanhola," entre as quais o "molho de tomate" temperado com cebola, sal, pimenta, azeite e vinagre. A versão moderna do molho é descrita por Pellegino Artusi, em 1891, com "A ciência na cozinha e a arte de comer bem". Segundo este autor, o ritual consiste em lavar os tomates, cortá-los ao meio, retirar as sementes e depois co-

68 *De Re Cibaria*, 1560.

locá-los em uma panela em fogo alto. Quando os tomates começam a ferver, apaga-se o fogo e espera-se que o líquido do cozimento venha à tona. Em seguida, retira-se a água e trabalha-se a polpa dos tomates de forma a se obter a *passata* ou purê de tomates. Enquanto isso, as garrafas de vidro abertas são fervidas para receberem o molho e depois fechadas hermeticamente com as tampas.

Arte e gastronomia: Paganini, Embaixador do Tomate

Grande violinista, compositor, intérprete e maestro, Niccolò Paganini, embora de origem humilde, foi incentivado por seu pai a estudar música e bandolim, demonstrando um talento extraordinário.

Levava uma vida agitada e indisciplinada, apaixonado pelo jogo e pelas aventuras amorosas, que o empurravam para os braços de princesas ou para as tabernas.

Caráter inquieto, dedicou-se inteiramente à música como uma necessidade vital. Amigo de Rossini e Donizetti, sempre teve enorme sucesso nos mais de seiscentos concertos que realizou por toda a Europa.

Seu virtuosismo absolutamente excepcional, além de lhe dar fama, deu origem a inúmeras lendas sobre as alegadas qualidades demoníacas de sua arte.

Graças a uma capacidade inata de se promover, tornou-se uma "estrela" do violino numa época em que as celebridades eram cantores, e entre seus encantos lembramos que ele usava a carruagem como meio de transporte.

Do ponto de vista gastronômico, Paganini foi um dos amantes e promotores do uso do tomate na cozinha, numa época em que o vegetal vermelho começava a se firmar como alimento.

Além dos vinte e quatro *Capricci* para violino, o artista também escreveu de próprio punho a receita do molho de carne para *Ravioli alla Genovese*, cujo manuscrito está disponível na Biblioteca do Congresso em Washington (EUA).

Um pouco mais difícil foi a "promoção social" de outro alimento americano, o pimentão, que enfrentou problemas para afirmar-se na cozinha italiana. De início, no século XVII, propõe-se que seja utilizado no cozimento do peru ou como condimento para dar sabor aos molhos. Um século depois, di Corrado, em seu *Cuoco Galante*, classifica o pimentão como alimento "rústico e vulgar", mas admitindo, entretanto, que era do agrado de "muitas pessoas". No século XIX, os pimentões ao vinagre, criados por um estalajadeiro de Verona, acabaram na mesa de Napoleão, do imperador da Áustria e do rei de Nápoles.

Por sua vez, a pimenta chegou à Europa no final do século XV, graças a Cristóvão Colombo, que a trouxe em sua segunda viagem ao continente americano. Assim que foi introduzida, teve um sucesso imediato, graças à sua fácil aclimatação, seu aroma popular e sabor ardente, para substituir especiarias caras como pimenta-do-reino, canela e noz-moscada. Chamada nas Américas de *chili*, foi rebatizada pelos italianos de *peperoncino*, devido ao sabor que lembrava o da pimenta-do-reino.

Já os povos pré-colombianos consideravam a pimenta um afrodisíaco pelo poder de incendiar a boca e, portanto, inflamar a paixão. Consta que o imperador Montezuma passava vários dias em companhia de suas concubinas, consumindo abundantes quantidades desse produto, tanto na comida quanto na bebida de chocolate. D'Annunzio, o grande poeta, amante da poesia e das belas mulheres, também a menciona em um poema[69].

Por suas inúmeras qualidades terapêuticas, por algumas de suas cores (vermelho) e formas (cone), a pimenta sempre foi associada a supers-

69 *Ode al Diavolicchio.*

tições. Na tradição camponesa, um colar de pimenta era pendurado nas casas a fim de afastar os espíritos negativos. Em algumas famílias, no dia do casamento, havia o costume dos pais darem aos futuros cônjuges uma cadeia de pimentas como símbolo do auxílio mútuo que seria garantido contra as adversidades da vida[70].

No caso da batata, houve uma profunda desconfiança. Os viajantes italianos do século XVI a encontraram na América e associaram seu gosto ao da castanha, mas foi necessário esperar dois séculos para que ela fosse introduzida nos costumes alimentares dos italianos. Apenas durante a dura carestia do século XVII e uma forte propaganda do poder público convenceram finalmente os camponeses a cultivá-la e incluir em suas mesas essa estranha "trufa branca" que se achava mais adequada à alimentação dos porcos. Como no caso do tomate, a aceitação da batata no sistema da cozinha tradicional passou por um processo de aclimatação do produto, neste caso bastante forçado. De fato, o cultivo da batata vem aconselhado aos camponeses como substituto da farinha de grão na fabricação do pão, a exemplo do que foi feito na França[71]. O seu preparo foi semelhante àquele tradicional dos nabos: fatiar, temperar com alho, pimenta e azeite. Além disso, começou-se a usá-la na massa do *gnocchi*, conhecido alimento muito popular desde a Idade Média que, até então, era preparado com farinha de pão ralado. De resto, a experiência não tardou a mostrar quantas elaborações refinadas eram possíveis com o novo produto de além-mar.

70 Disponível em: https://www.taccuinigastrosofici.it/.
71 MONTANARI, Massimo.

Curiosidade

Foi devido a uma terrível fome de 1663 que as batatas começaram a ser utilizadas na Irlanda para consumo humano. Muitas décadas depois, o farmacêutico e agrônomo francês Parmentier Antoine-Augustin, que durante sua estadia na Alemanha apreciou seu sabor, notando sua facilidade de crescimento em solos relativamente pobres. De volta para casa, alguns anos depois, Parmentier propôs o *pomme de terre* (batata) como preferencial dentre os novos alimentos contra a fome, apresentando o tubérculo como um pão pronto que não exigia nem moleiro nem padeiro.

A comida despertou grande interesse, e foi assim que, após a terrível fome de 1785, Luís XVI deu ordem aos nobres para obrigarem os seus agricultores a cultivar batatas. Os resultados não foram os esperados, então a conselho de Parmentier, que orgulhosamente adornou seu colete com a flor azul da planta, decidiu seguir um estratagema. Começou por plantar batatas no Campo de Marte, num terreno vigiado por soldados reais, para depois espalhar a notícia de que ali se produzia uma preciosidade reservada ao rei. A ganância seguiu seu curso, e muitos se transformaram em ladrões para se apoderarem dos frutos proibidos. Como resultado tem-se que, durante a revolução de 1789, a batata já era um alimento popular. No início do século XIX, a batata "plebeia" encontrou a sua consagração também na alta cozinha com os croquetes criados por Antoin Caréme[72].

Entre os séculos XV e XVI, um novo cereal se difunde na Itália do Norte: o *mais*, ou milho como o conhecemos hoje, o novo cereal vindo da América. Já na segunda metade do século XVI, o milho é introduzido nas práticas de cultivo e na dieta camponesa, adaptado ao uso da cozinha tradicional na forma de polenta. Este uso, que fazia parte da cozinha italiana, era ignorado pelas populações ameri-

72 Disponível em: https://www.taccuinigastrosofici.it/.

canas, que consumiam o *mais* de diversas maneiras, como cozido ou assado, inteiro, em grãos ou em pasta.

Juntando-se primeiramente aos cereais tradicionais, o milho se destacou em função da implacável fome iniciada nos primórdios do século XVII, induzindo os camponeses ao cultivo da planta. Ao se iniciar o ano de 1715, conhecido como o ano da carestia, o milho, junto com a batata, foi de grande valia para a sobrevivência de muitos[73]. A polenta é fácil de fazer:

> *... numa panela grande, ferva água com sal e vá deixando cair a farinha de milho como cai a chuva, tendo o cuidado de mexer continuamente. A polenta estará pronta quando ela "soprar"* [74].

O peru, ou galo-da-índia, foi introduzido na Espanha em 1519, e foi a carne que substituiu o pavão. Entre as muitas receitas com essa ave, segue uma que sobressai pela doçura das castanhas e da ricota em contraste com o sabor intenso das entranhas do animal.

Peru recheado com castanhas [75]

Ingredientes:

1 peru inteiro, castanhas, ricota, manteiga e migalhas de pão.

Preparação:

Faça um purê com as castanhas cozidas. Separe metade do purê

73 Nesse caso, entretanto, as consequências foram dramáticas: nos séculos XVIII e XIX se difundiu, nos campos italianos, uma verdadeira epidemia de *pellaga*, uma doença de carência vitamínica decorrente de uma alimentação baseada quase unicamente no consumo do milho sob a forma de polenta.

74 TOCCI, Augusto & REVELLI, Alex.

75 Idem.

e acrescente manteiga derretida, ricota, sal e pimenta. Em uma frigideira, derreta manteiga e refogue o coração e o fígado do peru picados e acrescente as migalhas de pão. Junte esse preparo ao purê de castanhas, recheie o peru e costure-o. Asse a carne, tendo o cuidado de regá-la com manteiga derretida. Sirva o peru recheado guarnecido com as castanhas deixadas inteiras.

Outra pérola vinda das Américas foi o abacaxi, vindo da Ilha de Guadalupe, com sabor especialmente agradável e que crescia espontaneamente em toda a ilha. Esse fruto exótico, chamado *nana* pelos indígenas da América do Sul foi rebatizado de *ananaz* pelos portugueses e de *piña* pelos espanhóis. Essa planta hoje é cultivada em toda a zona tropical do globo terrestre. Segue receita:

Abacaxi do paraíso terrestre

Tire toda a casca do abacaxi, corte-o em fatias e as acomode num prato grande. Tempere-o com gotas douradas de mel e polvilhe tudo com gengibre em pó.

Século XVII

O Barroco na culinária italiana

Barroco é usado para designar um movimento cultural que se desenvolveu na Itália e no resto da Europa a partir de fins do século XVI, todo o século XVII[76] e primeiras décadas do século XVIII, e se

76 O século XVII e parte do século XVIII caracterizam-se por grande crise econômica desencadeada pelo processo inflacionário provocado pelo derrame de "ouro me-

aplica à arquitetura, pintura, música e também à gastronomia, neste caso expresso no "banquete", entendido como um rito teatral em cenário surpreendente no qual se desenrolavam espetáculos inesperados em termos de formas e cores.

Esse tipo de banquete se desenvolvia nas mesas nobres e principescas e representava uma exaltação a determinado modelo estético-alimentar.

> O banquete não era apenas um acontecimento culinário, mas também a organização de uma festa complexa cuja finalidade era o alcance de um prazer estético percebido não apenas com o palato mas também com a visão, a audição e o espírito[77].

A realização do banquete tinha em vista, principalmente, a afirmação simbólica do poder da aristocracia. Promover um evento fabuloso cercando-se de uma corte prestigiosa implicava em significado político fundamental. Neste sentido, o Senhor anfitrião ampliava seu

xicano" na Europa, ou seja, pelas grandes quantidades de ouro e prata vindas do continente americano. De improviso, riquezas seculares se tornam insignificantes enquanto entram no mercado das finanças grupos sem nenhuma tradição, mas só riqueza fruto de roubos e pirataria. A Espanha passa a viver de suas conquistas, para de produzir e os cérebros mais brilhantes buscam espaço na aventura americana. Visto que naquela época metade da Itália estava sob o domínio espanhol, os eventos daquele reino recaem sobre a Península Italiana. Em 1607, o Reino de Espanha declara bancarrota e põe em crise muitos bancos italianos que os haviam financiado. Por outro lado, o Mediterrâneo começa a se tornar uma zona periférica em relação ao Atlântico. Os tecidos italianos, os mais ricos e sofisticados do mundo, não têm mais compradores e sobre o mercado europeu se impõe a lã inglesa, mais econômica. Do ponto de vista demográfico, nos anos de 1600, a população italiana cai de 12 para 11 milhões de habitantes em função da fome e da pobreza, além da epidemia de peste que se alastrou entre os anos de 1625 e 1630.

77 SORINE, Alex, CUTINE, Suzana & SEBY, Sorbello.

poder, assessorado por uma multidão de homens fiéis que pudessem desenvolver as diversas tarefas relativas à organização do banquete. Esse *staff* normalmente era composto por pessoas provenientes da aristocracia ou alta burguesia.

A composição do *staff* incluía as seguintes funções: *officiali*, ou oficiais, que supervisionavam os seguintes setores: *casa*, pessoas que cuidavam do aprovisionamento da matéria prima; *foresteria,* pessoas responsáveis pelo bem-estar dos hóspedes; e o *tinello,* encarregado de coordenar as atividades de assessoria e cuidados com o dono da casa. Estes setores eram subdivididos em diversos subsetores. A importância da alimentação nesse processo é estimada pelo exército de operadores que eram contratados para diversos serviços afins. Com nomes particulares bem codificados, esses auxiliares cumpriam as mais diversas tarefas, que iam desde aquelas relativas aos alimentos e bebidas, trabalhos ligados à mesa ou à cozinha, humildes serviços de limpeza, até os cuidados com o aparato cenográfico do acontecimento. Todas as atividades elencadas culminavam na apresentação do maior espetáculo: o banquete.

Função particularmente importante era a do *scalco maggiore*, que poderia corresponder ao que hoje se designa como chef de cozinha, porém com uma gama de funções bem mais abrangente. Domenico Romoli, o Panuto, *scalco* extraordinário, assim qualifica essa tarefa: "figura primordial, pertencente a uma condição social bastante elevada de tal forma que o *scalco* normalmente detinha vasto conhecimento não só das coisas da cozinha mas sobretudo da vida da corte e dos escritores clássicos e modernos"[78].

78 ROMOLI, Domenico *apud* SORINE, Alex, CUTINE, Suzana & SEBY, Sorbello.

O *scalco maggiore*, além de ter autoridade sobre todo o pessoal da mesa e da cozinha, assumia frequentemente a tarefa de administrar todos os gastos com provisões, para os quais dispunha de vultosas somas. Em suma, essa figura encarnava não apenas um papel de prestígio, mas se tornava a "cabeça" do acontecimento.

Outra função interessante e primordial para o espetáculo propiciado pelo banquete era a do *trincianti*, responsável por cortar a carne em pequenos pedaços, fazendo deste ato um espetáculo à parte. Extremamente hábil no uso do *forzine* (uma espécie de garfo afiado) e facas, o *trincianti* se postava em frente ao Senhor e cortava, dissecava e provava cada comida a ele destinada. Contudo, a exibição de perícia do *trincianti* acontecia quando o nobre lhe indicava a quantidade da carne preferida e ele a prendia com o garfo afiado, seguro na mão direita, e, com um elegante movimento, jogava-o para a esquerda, sendo que, quase ao mesmo tempo, com a direita, pegava uma faca semelhante a uma espada. Nesse momento, o artista levantava a carne com o garfo afiado e, com ela suspensa no ar, cortava-a até obter pequenos pedaços que caiam no prato do Senhor. Antes de servir o alimento, o *trincianti* espalhava uma pitada de sal na comida, usando a ponta da faca.

Durante o banquete, eram duas as figuras que se ocupavam do serviço de vinhos: o *coppieri*, papel de classe superior que tinha o encargo de servir a mesa do Senhor, e o *bottigliere*, ao qual era confiada a preparação dos vinhos e a incumbência de fazer a *credenza*, isto é, provar a bebida para verificar a ausência de veneno. Em geral, o *coppiere* era jovem, elegante, "com as mãos brancas e delicadas", e gozava do privilégio de retirar, para uso próprio, os frascos de vinho não consumidos.

O *cuoco,* ou cozinheiro, não gozava de muito reconhecimento social e sua remuneração, em geral, não era adequada. Enquanto na Idade Média a categoria de cozinheiros era formada por açougueiros, mais tarde passou a ser formada por hoteleiros, estalajadeiros e confeiteiros. Melhores condições de trabalho e remuneração tinha o *sopra-cuoco,* aquele que controlava e supervisionava todos os empregados da cozinha.

As diferenças entre os banquetes dos séculos XV, XVI e XVII são substanciais. Modificou-se o cenário, a coreografia, o conteúdo gastronômico e, enquanto na Idade Média os elementos espetaculares eram secundários e a mesa absoluta protagonista, em função de seus profundos significados dinásticos, do Renascimento em diante as relações entre os convivas se tornam mais leves e divertidas, o que contribuía para que os encontros da corte se transformassem em uma autêntica festa. O espetáculo incluía a *performance* de saltimbancos, bailarinos, comediantes, comedores de fogo, músicos, cantores e literatos que, circulando por entre as mesas, declamavam sonetos.

Os pratos eram elaboradíssimos, muito perfumados e coloridos, voltados mais para chamar a atenção do convidado do que para satisfazer seu apetite. As preparações eram consideradas refinadas apenas se exprimissem teatralidade: pode-se afirmar que à mesa se encenava uma comédia cuja execução ressaltava, sobretudo, o profissionalismo e a fantasia do *scalco,* o verdadeiro sacerdote da parte gastronômica do banquete.

Carregado de elementos culturais, o banquete se desenvolvia em uma dimensão de fábula na qual os participantes acabavam inebriados com o clima que os envolvia. Em meio ao deslumbrante e suntuoso aparato cênico do banquete barroco, onde todos os sentidos se aguçavam e as emoções transbordavam na fisionomia de cada convidado, a parte alimentar da festa tendia a perder seu costumeiro protagonismo. Contudo, o que se sabe, através dos tratados de cozinha dos anos 1600, é que, em termos gastronômicos, o banquete seguia um andamento muito semelhante aos *buffets* da atualidade, e os convivas não comiam todos os pratos do cardápio, mas se serviam das preparações que preferiam. Também consta na literatura do barroco que a maior parte dos pratos apresentados no banquete deveria ser apenas provada. De acordo com o código de etiqueta vigente, qualquer manifestação de gulodice podia levar o convidado a ser banido da corte.

Mas, afinal, que pratos eram servidos no banquete barroco e quais as características das preparações culinárias do período?

A literatura da época aponta que grande parte das preparações servidas nos banquetes era sobrecarregada de especiarias, a ponto de esconderem o sabor natural dos alimentos. As receitas que escapavam da manipulação exagerada eram penalizadas por longos cerimoniais de serviço. Como exemplo, tem-se que as carnes, submetidas a um processo de maturação interminável e a repetidos cozimentos, chegavam à mesa quase frias, e seu corte, realizado por virtuosos *trincianti,* implicava na perda do pouco calor residual.

No imaginário gastronômico dos banquetes, predominavam os preparos denominados *pasticci*, ou pastelaria, feitos ou de massa folheada ou massa podre e cozidos no vapor. A característica peculiar desse alimento era a utilização de uma vastíssima gama de ingredientes, além de serem preparados de diversas formas. O invólucro de massa era recheado com carne de aves, animais, fígado, peixe ou verduras. Externamente, eram pintados de ouro ou prata e ricamente decorados com figuras feitas de açúcar.

As especiarias, ou *spezie*, eram de uso abundante no período, muitas delas vindas para a Europa com a descoberta do Novo Mundo. A riqueza e a potência do dono da casa se mediam segundo o uso de especiarias no banquete. As mais importantes pelo intenso perfume eram: canela, pimenta, erva-doce, gengibre, noz-moscada e açúcar.

No início do século XVII, imperava ainda o sabor agridoce das cozinhas medievais e do Renascimento. Fazia-se uso abundante do limão, do vinagre e da laranja amarga e do onipresente açúcar, considerado útil em qualquer preparação. Não é que o gosto dominante da cozinha barroca pendesse para o doce, mas sim que a presença do açúcar era ditada por uma exigência de ostentar um determinado *status* social. Desde a Idade Média, o açúcar era consumido pelas classes dominantes e havia plantações de cana e refinarias na Sicília e na Espanha. Contudo, as cidades que detinham a supremacia comercial do produto eram Veneza e Gênova.

As receitas de peixes eram muito valorizadas na arte culinária barroca. Os cozinheiros das famílias aristocráticas elaboravam receitas com peixes do mar, de água doce e crustáceos. Bartolomeo Scappi propôs à época duzentas e vinte receitas de peixe, demonstrando grande criatividade culinária e um excepcional conhecimento desse tipo de comida.

Ao contrário do período medieval, os cozinheiros da era barroca não curavam a carne de boi. As preparações eram, em geral, feitas de carne fresca, apenas cortadas em pequenos pedaços. Outra particularidade era a valorização dos miúdos dos animais, que se tornavam importantes ingredientes de várias receitas.

Se, na Idade Média, dava-se pouca importância aos produtos derivados do leite, no período barroco identifica-se nítida valorização dessa categoria alimentar. Nas receitas dos principais autores da época, faz-se ampla utilização da manteiga, da "pele do leite", ou creme de leite, queijos de todo tipo, como, por exemplo, a *provatura,* uma espécie de muçarela, o queijo "gordo" e outros, consumidos ao natural ou polvilhados com açúcar.

O uso de produtos vegetais figura frequentemente nas receitas de sopas, tortas e, até mesmo, de pratos muito procurados. Como já foi ressaltado, esses alimentos subiam de *status* quando associados a receitas contendo ingredientes preciosos como as especiarias.

Dentre outras alterações alimentares identificadas no decorrer dos anos 1600, tem-se que, no início do século, a cultura do arroz causa polêmica por questões de higiene ambiental, o que levou as autoridades a proibir sua produção, considerada "malsã e pestilenta". Contudo, no auge do mesmo século, o arroz retorna em resposta (tal como o milho e a batata) às dificuldades alimentares particularmente graves do período. Apesar da fama de alimento pobre, o produto se difunde também para usos refinados, como os risotos e outros.

Também a produção da massa seca, que permaneceu por longo tempo um alimento entre tantos, assume um papel alimentar diferente. A reviravolta se deu em Nápoles, onde, depois de uma situação alimentar difícil que atingiu o consumo de carne, uma pequena revolução tecnológica permite a produção de macarrão e outros tipos de massa a um preço mais acessível do que no passado. Em função disso, o consumo do produto conquistou uma posição de primeiro plano na dieta alimentar das classes pobres urbanas e, já no século seguinte, foram os napolitanos a ganharem o epíteto de "*mangiamaccheroni*", antes reservado aos sicilianos.

História do espaguete

Formato mundialmente famoso é a expressão da imaginação da cozinha dos italianos. A primeira vez que o nome "*spaghetti*" é registrado é em 1819, no *Dicionário da Língua Italiana*, de Tommaseo e Bellini. O termo "espaguete" até então não havia entrado na nomenclatura oficial, pois pertencia ao jargão popular.

Em pouco tempo, a palavra passou a ser usada com frequência. A fama e a bondade desse formato não se limitaram à Itália. Por exemplo, nos Estados Unidos, o espaguete se espalhou antes mesmo da imigração italiana, graças à propaganda favorável do presidente americano Thomas Jefferson (1743-1826), que também importou uma máquina para prepará-lo em seu país.

Não só o cinema contribuiu para espalhar a fama do espaguete. Vários personagens italianos, incluindo escritores (Prezzolini) e cantores (Caruso), dedicaram canções e ensaios em sua homenagem.

O diâmetro e as dimensões desse formato variam com as diferentes áreas, tanto que, em algumas regiões do sul da Itália e, em particular, na área napolitana, o termo "*vermicelli*" é frequentemente usado para significar espaguete. Hoje uma das formas mais simples e gostosas de saboreá-los é com a receita clássica "alho, azeite e pimenta".

Ainda no século XVII, André Stefani[79] confirma a excelência da carne bovina, sendo que essa afirmação refere-se, mais especificamente, ao vitelo, porque entre os animais quadrúpedes este encontra-se em primeiro lugar e da sua carne se faz variados pratos. É fato que por

79 STEFANI, Bartolomeo. *L'arte di ben cucinare*. Mantova, 1662.

toda a Idade Moderna *manzo*[80] e *vitello*[81] permanecem carnes de elite que se encontram ocasionalmente sobre a mesa dos camponeses.

O modelo gastronômico associado ao uso do peixe, bem como da carne, não pode ser descrito sem associá-lo às normas de comportamento impostas pela hierarquia eclesiástica aos fiéis. Desde o século IV, o calendário litúrgico previa uma distinção fundamental entre os dias "*di grasso*" e "*di magro*". Neste, era obrigatória a abstinência de carne, implicando em um jogo de adaptação e substituição, ou seja, carne e peixe se excluem e não podem coexistir na preparação dos pratos e na composição do cardápio. O peixe se tornou típico da dieta *quaresimale*, ou dieta monástica, sendo tornado símbolo de "leveza", tanto fisiológica quanto metafórica.

Afirmação das diversidades regionais

Do ponto de vista da literatura gastronômica, no século XVII a fase dos conjuntos de receitas "nacionais" parece terminada. O projeto de dar uma síntese de forma comparativa da cozinha italiana dá lugar a uma progressiva afirmação das diversidades regionais que, pelo menos por dois séculos, será a tônica da história da culinária italiana. O que muda é que os livros passam a enfatizar esse ponto de vista de modo muito mais claro do que nos textos da Idade Média e do Renascimento. Essa modificação de perspectiva emerge, sobretudo, nas publicações napolitanas, através das quais, pela primeira vez, define-se um quadro completo do patrimônio gastronômico do sul.

O *Lucerna de Corteggiani*, de Giovan Battista Crisci, publicado em Nápoles, no ano de 1634, é o primeiro repertório de produtos e es-

80 Bovino jovem normalmente destinado ao abate.

81 Bovino até 12 meses de vida.

pecialidades do centro-sul. Não apenas Nápoles, mas uma miríade de cidades, povoados e centros agrícolas esparsos na região são protagonistas de uma nova imagem gastronômica. Do Abruzzo à Apuglia, da Campania à Basilicata até a Sicília, a geografia dos produtos se concentra principalmente nos queijos e nas frutas. Chama a atenção o grande elenco de referências alimentares que dizem respeito à produção não urbana de pequenas cidades, do campo ou da área costeira.

Outro repertório de especialidades do sul encontra-se na obra de Antonio Latini[82], mais especificamente no primeiro volume, intitulado *Uma breve descrição sobre o Reino de Nápoles*, no qual o autor toma como referência diversos outros autores com experiência no uso de produtos característicos de várias regiões do reino para discorrer detalhadamente sobre as especialidades produtivas das doze províncias que o compunham. Segue receita de mestre Antonio Latini (1692), retirada de um dos volumes de sua obra *Lo Scalco alla Moderna*.

Molho real de Antonio Latini

Ingredientes:

Vinagre, açúcar, canela, cravo, pimenta, noz-moscada, raspas de limão, cedro verde.

Preparação:

Ferva o vinagre e o açúcar em fogo baixo por dez minutos.

Adicione todas as especiarias e ervas, previamente maceradas no pilão, e deixe ferver por cinco minutos.

Coe o molho com um filtro e sirva quente ou frio, com assados

82 LATINI, Antonio. *Lo Scalco alla Moderna – L'arte di bem disporre i conviti*, 1692.

magros, adicionando uma parte do fundo de cozimento da própria carne.

Menos evidente é a regionalização dos livros de receitas do norte que refletem programas menos ambiciosos, de fôlego mais curto, mas talvez mais próximos da prática cotidiana da cozinha. Bartolomeo Stefani publica suas receitas em 1662,[83] delineando um sistema de trocas articulado em "distritos gastronômicos" bem distintos entre si. Nápoles e a Sicília produzem principalmente cedro, limão, laranja, alcachofras, aspargos, couve-flor, favas frescas e alface, que, no inverno, quando é impossível encontrá-los em outro lugar, abastecem todo o reino. Gênova, com a sua *riviera*, abastece, com esses mesmos produtos, Florença, Bolonha, Milão e boa parte da região lombarda. Outro lugar rico em verduras no inverno são as hortas venezianas. Bolonha produz erva-doce, uvas e azeitonas, que abastecem a Lombardia, Romagna, Florença e províncias vizinhas até Roma. Na regionalização da cultura gastronômica de Stefani, tem lugar mesmo para o Piemonte com seus biscoitos, bastante em moda à época. Segue receita para o preparo de couve-flor retirada de sua obra.

Couve-flor à moda de Stefani

Ingredientes:

Couve-flor, ovos, manteiga, pistache, suco de limão, sal, pimenta.

Preparação:

Para a Couve-Flor:

Limpe e lave uma couve-flor, divida-a em várias partes, ferva em água e sal e escorra-a ligeiramente ao dente.

83 STEFANI, Bartolomeo. *L'arte di ben cucinare Mantova,* 1662.

Para o molho:

Enquanto isso, salteie alguns pistaches picados em uma panela com um pouco de manteiga; retire do fogo e incorpore, mexendo rapidamente, os ovos batidos com o sumo de limão.

Disponha os floretes da couve-flor numa travessa, regue com o molho, tempere com sal e pimenta e sirva o prato quente polvilhado com parmesão a gosto.

Cappone[84] à moda de Stefani

Ingredientes:

2 peitos de cappone, 1 cenoura, 2 talos de aipo, 1 cebola, 50 uvas-passas, 100ml de vinho Marsala, 10g de açúcar, ½ limão, azeite de oliva extravirgem, 100ml de vinagre de vinho tinto, sal e pimenta.

Preparação:

Cozinhe o cappone em pouca água com a cebola e o aipo. Depois que esfriar, desfie a carne e coloque numa vasilha funda. Mergulhe as uvas no vinho Marsala com um pouco de água morna e o açúcar. Num recipiente apropriado, emulsione o azeite, o vinagre, a casca do limão e as uvas com o vinho. Ajuste o sal e a pimenta e derrame a emulsão sobre os filés, de forma a cobri-los abundantemente. Deixe repousar algum tempo antes de servir.

84 Galeto jovem castrado.

Caponata barroca

Ingredientes para 4 pessoas:

1 berinjela, 4 talos de aipo, ½ cebola, 100g de azeitonas sem caroço, 50g de alcaparras dessalgadas, 30g de pinoli, 35g de açúcar, 10ml de vinagre de vinho branco, 6 folhas de manjericão (grandes), azeite extravirgem, sal e pimenta.

Preparação:

Corte a berinjela em cubos e coloque em um recipiente com um pouco de sal grosso e um peso por cima, para eliminar o amargor, por 1 hora. Lave as berinjelas, escorra e frite-as.

Corte o aipo em tiras e escalde por 5 minutos.

Frite a cebola picada em azeite, juntando as azeitonas, as alcaparras, o aipo e os pinoli. Doure por 5 minutos e, em seguida, adicione a berinjela frita, despeje o vinagre e o açúcar e cozinhe por mais 10 minutos em fogo baixo. Em seguida tempere com sal.

Sirva a caponata fria, guarnecida com folhas de manjericão.

Séculos XVIII[85] e XIX

O triunfo da culinária francesa

De fins do século XVII à metade do século XVIII, a literatura gastronômica na Itália silencia. É o momento de triunfo da

85 Os anos de 1700 (século XVIII) são os anos da razão, ou pelo menos do racionalismo, que tem na França seu principal centro. Na Itália assiste-se a um momento mágico de Nápoles sob o reinado de Carlos de Bourbon, um rei iluminista que em 1759 se torna também rei da Espanha. Pela primeira vez, o capital não vai da Itália para a Espanha, mas desta para Nápoles, a cidade que Carlos tanto ama e que se torna uma das maiores capitais europeias.

gastronomia francesa, que dura algum tempo. Mas é também uma época de consolidação das tradições locais, que produzirá efeitos positivos, reafirmando as ligações entre gastronomia e território e reforçando o caráter original da cozinha italiana que, a longo prazo, revelar-se-á um investimento seguro [86].

Le Cuisinier François é a publicação que iluminou a gastronomia do século XVII. Seu autor, o francês François Pierre de la Varenne, não era apenas um cozinheiro brilhante, mas também um apaixonado colecionador de receitas. Em seu livro, que em 1720 já contava com mais de trinta reedições, combinou a gastronomia italiana com as culinárias regionais de seu país. O resultado foi o primeiro trabalho fundamental da culinária francesa clássica[87].

Varenne era adepto das comidas leves e famoso por seus molhos. Buscou preservar o sabor original da comida, recusando-se a enterrá-la sob toneladas de temperos exóticos, que poderiam ser usados, mas com sabedoria e parcimônia.

Para preparar uma omelete, ele usava algumas ervas aromáticas frescas às quais acrescentava pedaços de carne e bacon. Cortava a carne com precisão e assava apenas as melhores partes, fervendo ou cozinhando em fogo brando as outras. Também impôs a proibição do uso de alho em abundância, como os franceses faziam até então, permitindo apenas o "cheiro". Varenne foi o primeiro a cozinhar de forma apetitosa o rabo, a língua, as coxas ou outras partes do animal que até então só comiam os mais pobres. Para ele, os legumes eram apenas um acompanhamento, mas usava-os com frequência para

86 CAPATTI, Alberto & MONTANARI, Massimo.
87 Disponível em: https://www.taccuinigastrosofici.it/.

recheios e também em sopas, como de couve-flor e o creme de espargos. Por fim, Varenne teve o mérito de ser o pai da gastronomia moderna. Morreu em 1678 reduzido à pobreza e amargurado pelas críticas de outros chefes famosos, que não queriam entender a importância histórica de sua publicação. Segue receita de mestre Varenne retirada de sua obra.

Aspargos ao molho branco à moda de Varenne

Ingredientes:

Aspargos, gema de ovo, vinagre, sal, noz-moscada, manteiga.

Preparação para os espargos:

Apare os talos dos espargos de modo que fiquem todos do mesmo comprimento, amarre-os em dois cachos e coloque-os na vertical, com as pontas para cima, em quatro dedos de água fervente com sal.

Cubra e cozinhe em fogo baixo por alguns minutos.

Retire com cuidado da panela, seque, retire o barbante e mantenha-os aquecidos.

Preparação para o molho:

Despeje uma gema de ovo, vinagre, sal, noz-moscada e uma noz de manteiga em uma panela de fundo grosso. Cozinhe em fogo baixo, mexendo lentamente.

Adicione a manteiga em flocos à mistura para que o molho fique cremoso.

Ajuste o sal e despeje o molho sobre os aspargos a gosto ou coloque na molheira.

A difusão da cozinha francesa, através do Piemonte, ganha as capitais italianas. Grande importância teve o livro anônimo *Il Cuoco Piemontese Perfezionato a Parigi,* de 1766 (curadoria de Silvano Serventi), publicado em Turim, depois em Veneza (1789) e Milão (1791), área particularmente sensível a tal cultura. A influência se estende a outras cidades, Roma e Nápoles, onde encontra e se confronta com identidades e tradições antigas e fortes. O modelo francês, reformulado com produções nativas, convive com uma base que varia de uma área à outra e ressurge nos produtos, nas denominações dos pratos e em suas preparações. Contudo, tanto nas publicações gastronômicas caseiras quanto nas direcionadas para as mesas dos "Senhores", não necessariamente a pressão cultural e política se traduz em uma adequação ao gosto parisiense. A correlação entre riqueza e mesa internacional está longe de ser evidente.

Autores da estatura de Vicenzo Corrado, que publicou o *Cuoco Galante* no ano de 1786, em Nápoles, mostram que mesmo as mesas refinadas possuem uma fisionomia própria, criativa, tanto com respeito às tradições ligadas aos produtos do próprio campo, quanto às novidades trazidas das mesas francesas. Corrado foi o primeiro napolitano autor de um manual de gastronomia orgânica. Seu tratado não opôs preconceitos ao léxico gastronômico francês naquela época dominante, mas no geral manteve-se fiel à prática tradicional da cozinha italiana e, em particular, napolitana, revelando o esforço de querer integrar as cozinhas estrangeiras à cozinha local, utilizando uma redação simples, concisa e exaustiva. O material do manual é relatado em capítulos, cada um dedicado a um tema (sopas, carnes domésticas e silvestres, peixes, ovos, laticínios, vegetais, tortas, doces, sabores, conservas), por sua vez dividido em parágrafos curtos nos quais são prescritos os modos de cozinhar alimentos. *O Cozinheiro*

Galante teve grande sucesso, como evidenciado pelas numerosas edições e reimpressões que chegaram a meados do século XIX.

Uma das características fundamentais da nova cozinha é, de fato, que esta se vale exclusivamente de elementos de produção nativa, como o tomate fresco ou as anchovas recém-pescadas que o mercado parisiense ignora. Valorizar a pesca e a horta significa orientar o cozimento e os pratos numa direção na qual o emprego de técnicas complexas torna-se difícil ou inútil. Nesse livro, as receitas francesas são apresentadas nas páginas finais, pois o mesmo foi projetado e construído sobre a produção, e não sobre sua transformação.

Torta de anchovas frescas de Vincenzo Corrado

Divida as anchovas e retire as espinhas. Em seguida, elas devem ser temperadas com sal, trufas picadas, ervas, azeite, leite de pinoli e molho de limão.

Faça uma torta com recheio de espinafre passado no azeite e alho por baixo e adicione as anchovas. Sirva quente.

O Renascer da cozinha italiana

O renascimento da cozinha italiana nos três últimos decênios do século XVIII parte da premissa na qual não é esquecido um fator importante, ou seja, a existência de uma cultura gastronômica que cruza as fronteiras do país. O termo *italiano* no título das receitas as caracteriza, mas alguns produtos e muitos pratos circulam fora das terras de origem.

Francesco Leonardi, renomado *chef* europeu, autor do *L'Apicio Moderno, ossia L'Arte di apprestare Ogni Sorta di Vivande* (1790), nascido em Roma, considerava-se um cidadão do mundo, tendo trabalhado a serviço do Marechal de Richelieu e dos poderosos da Polônia, Turquia, Alemanha e Inglaterra, até chegar, com o papel de cozinheiro, na corte da Imperatriz Catarina II de todas as Rússias.

Leonardi queria que seu tratado fosse moderno, no sentido de científico e internacional (até então, ele havia dominado a culinária francesa). Então, criou uma espécie de enciclopédia gastronômica, sendo que ele listou três mil receitas, com histórias e sugestões relacionadas à transformação e conservação de alimentos.

Leonardi, graças aos seus cinquenta anos de experiência, adaptou ingredientes tipicamente italianos a receitas estrangeiras, como a ricota e o parmesão. Ele foi o primeiro grande cozinheiro a usar tomates permanentemente, ostentando como sua a invenção da clássica combinação napolitana de macarrão com tomate. Seu molho, feito com tomates sem sementes e fervido com a adição de cebola, aipo, alho e manjericão, ainda é o tempero inalterado de muitos pratos da atualidade.

O Apício Moderno foi uma obra-prima fundamental para a cultura gastronômica italiana. Desde o tempo de Scappi, duzentos e cinquenta anos antes, um grande "manual" não tinha sido escrito e a tradição culinária italiana tinha sobrevivido apenas pelas raízes profundas de certas famílias nobres.

Tomates recheados à Leonardi

Ingredientes:

Tomate, pão, caldo, carne de frango, gemas de ovo, manteiga, parmesão, cebola, cenoura, bacon, presunto, sal, pimenta.

Preparação:

Lave e seque os tomates, retire o interior e coloque-os para escorrer.

Molhe o pão ralado com caldo, esprema, passe por uma peneira e coloque em uma tigela; em seguida, adicione o frango cozido picado, a manteiga amolecida, o parmesão ralado e as gemas.

Tempere a mistura com sal e pimenta e recheie os tomates.

Prepare uma mistura de cebola picada, cenoura, bacon e presunto. Distribua a metade no fundo de uma caçarola, coloque os tomates por cima e cubra-os com o restante da mistura. Adicione sal e pimenta, regue com o caldo e leve ao forno.

Depois de cozido, arrume os tomates recheados em uma travessa coberta com os sucos peneirados do cozimento.

Sirva os tomates quentes ou frios.

Em sua obra, Leonardi abre um apêndice para as receitas com ingredientes romano-napolitanos, evidenciando sua inserção na culinária da região meridional. Dessas indicações, emerge a existência de uma identidade local, estatal, indiretamente italiana da cozinha. Esta será consolidada nos livros de receitas municipais ao longo do século XIX.

As editoras de alguns centros urbanos passam a produzir cada vez mais obras didáticas destinadas a um grupo limitado de usuários, que refletem as tradições de uma área, geralmente coincidente com aquela do dialeto. Nas grandes cidades como Nápoles, as grandes publicações de gastronomia, como *A Cozinha Teórico-Prática,* de Hippólito Cavalcante (1837), concebida para as mesas finas, confrontam-se com obras de menor vulto, como *A Cozinha Caseira* (*La Cucina Casereccia)*, de 1828, que, pelo preço e pelo número de páginas, destinam-se a famílias mais modestas. Ambas cobrem o consumo gastronômico de uma mesma área.

Em um município de modestas dimensões, como é o caso do município de Como, um só livro de receitas, *O Cozinheiro Sem Pretensões* (*Il Cuoco Senza Pretese)*, de 1834, propõe um modelo com alguns pratos da cozinha local, lacustre e subalpina, aberto ao uso dos milaneses e àqueles da mesa fina. Um mapeamento desses pequenos livros mostra sua disseminação a partir de Nápoles para toda a área centro-setentrional, com polarização nas capitais, como Milão, Nápoles, Turim. A Toscana tem um mercado extremamente ativo, com centros de publicações em Luca, Livorno, Florença e Siena.

A cozinha italiana do século XIX é caracterizada pela proliferação de livros de receitas domésticas municipais, por uma crescente atenção às necessidades das casas burguesas, como também por publicações voltadas para o atendimento das famílias.

Receitas municipais

Os livros de receitas dos municípios, de aparência modesta, oferecem um retrato gastronômico moderno das classes abastadas, distantes tanto das áreas rurais quanto do cerimonial da corte, sempre atentos ao custo da alimentação. Esses livros não são, portanto, o espelho de uma economia e de uma gastronomia local, mas de uma classe que, à mesa, nas boas ocasiões, ostenta uma determinada cultura.

As receitas refletem o gosto por preparações simples, mas não necessariamente locais. Há *frittelle alla romana*, *spaghetti alla napolitana* (com molho de tomate) e *alla milanese* (com manteiga e parmesão ralado).

São livros de receitas domésticas do século XIX que tornam o patrimônio local cada vez mais híbrido, ensinando pratos de custos desiguais, misturando as tradições da casa e da taberna, simplificando pratos complexos e enriquecendo os populares.

Obviamente, comida caseira não é o único tópico dos livros de receitas voltados para o mercado. Quem aspira a uma mesa rica e diversificada, por exemplo, em Nápoles, pode consultar livros como *A Cozinha Teórica Prática*, de Hippolito Cavalcanti, duque de Bonvicino (1837). Textos como este são direcionados principalmente a profissionais, úteis como testemunho da pesquisa culinária e para atualizar quem opera em alto nível, sem economia. São coleções que pretendem mostrar como o prato é decorado e servido à mesa. A sua publicação justifica-se pela abertura de grandes hotéis turísticos com restaurantes, pela formação de cozinheiros e, após a unificação da Itália, pela sensibilidade crescente por uma terminologia nacional.

O jornalismo gastronômico se intensifica depois da unificação da Itália, mostrando claramente como a interação dos três modelos (locais, estatais e internacionais) respondia a um ordenamento cultural profundo, capaz de descrever uma cozinha socialmente estratificada e geograficamente definida. Essa municipalização tem uma função de testemunha e de aprofundamento dos mercados locais e permite a junção, através das receitas, de pequenos centros que não podem ter uma publicação.[88]

Em fins do século XIX, surge no cenário gastronômico italiano Pellegino Artusi, com a publicação do livro *La Scienza in Cucina e L'Arte di Mangiar Bene.* Artusi nasce em Forlimpopoli, em 1821, e viveu em Florença por meio século. Desde jovem frequentava os mercados

88 Disponível em: https://www.taccuinigastrosofici.it.

locais em companhia do pai. Percorreu de trem as principais cidades da península, como Roma, Nápoles, Pádua, Milão e Turim. Além disso, frequentou Bolonha e sua boa mesa. Com seus conhecimentos do território, estradas, cidades, montanhas e cidades costeiras, em 1891 organiza seu mapa gastronômico. Isso se traduz em receitas da rica Toscana e da Romagna, portanto de Bolonha, uma cidade na qual se sente em casa.

Fora isso, ele conhece várias outras cidades. Ao norte de Trieste a Turim, ao sul até Nápoles. Marche, Abruzzo, Apúlia, Basilicata e Calabria não figuram em qualquer receita. Mesmo nas subsequentes edições do *Scienza in Cucina* não figuram receitas da área meridional, com exceção da Sicília, com três pratos. A Sardenha é ignorada. Esta é a Itália, conhecida e representada por Artusi, incompleta e longitudinalmente dividida pelos Apeninos, com nomes de peixes adriáticos diferentes dos tirrenos, com a rica Toscana de um lado, e de outro a região mais pobre e deprimida, a Romagna. O modelo centro-setentrional é confirmado também pelos condimentos (dos quais ele exclui o *peperoncino*) e pelas três gorduras: o azeite toscano, a banha bolonhesa e a manteiga lombarda.

Apenas dois pratos descritos por Artusi trazem o título de "italiano"[89], os outros fazem referência a regiões, cidades ou cidadezinhas (esses últimos muito poucos). Em suma, é através das cidades, províncias e regiões, com seus respectivos mercados e comércio, que Artusi concebe um modelo geogastronômico aberto a novas agregações.

Esse modelo baseia-se na ideia de que, na configuração do espaço italiano, as regiões, mais do que unidades político-administrativas,

89 O *Tortelini* e o *Lesso Rifatto.*

são "compartimentos" com uma identidade física e histórica particularmente importantes do ponto de vista cultural, porque assumem algumas características regionais compreensíveis a todos. Os alimentos têm uma função similar aos dialetos, exprimem um gosto que pode ser recebido e traduzido em italiano. Tal modo de compreender a questão beneficia Artusi, tornando-o, aos olhos das futuras donas de casa, o pai da cozinha italiana.

Seguem-se algumas receitas, amplamente utilizadas na cozinha contemporânea, à moda de Artusi.

Nhoque de batatas

Batatas grandes e amarelas, 400 gramas, farinha de trigo, 150 gramas.

Ressalto a proporção da farinha a ser utilizada, de modo que não aconteça com você como aconteceu a uma dama que, na minha presença, assim que abaixou a concha para movê-la na panela, não encontrou mais nada; os bolinhos se foram. Oh, para onde eles foram? - perguntou com curiosidade carinhosa a outra dama a quem contei o fato, talvez acreditando que um duende os tivesse levado embora.

- Não arqueie os cílios, senhora - falei - porque o estranho fenômeno é natural: esses bolinhos foram feitos com pouca farinha e, assim que entraram na água fervente, derreteram.

Cozinhe as batatas na água ou, melhor, no vapor, descasque-as e passe-as numa peneira. Junte-as à farinha e trabalhe um pouco a massa com as mãos, formando um cilindro fino para poder cortar em pedaços com cerca de três centímetros de comprimento. Polvilhe-os levemente com farinha e, tomando-os um de cada vez, cave-os com o polegar no verso de um ralador. Coloque-os para cozinhar em água e sal por dez minutos e tempere com queijo, manteiga e molho de tomate, se quiser.

Se você os quiser mais delicados, cozinhe-os no leite e sirva-os sem drená-los; se o leite for de boa qualidade, além do sal, não é necessário temperar ou, no máximo, uma pitada de parmesão.

Molho bechamel

Esse molho equivale ao bèchamel dos franceses, porém, menos complicado!

Ponha no fogo, em uma caçarola, uma colherada de farinha e um pedaço de manteiga do tamanho de um ovo! Misture a manteiga e a farinha e, quando a mistura começar a pegar a cor de avelã, acrescente, pouco a pouco, ½ litro de leite, girando a colher de forma a evitar que se formem grumos. Essa é a besciamella.

Uma boa besciamella e um caldo de carne bem feito são a base e o segredo principal da cozinha fina.

Origem do molho bechamel

Consta que o molho bechamel foi inventado pelo cozinheiro do financista Louis Béchameil (1630-1703), membro da corte do rei francês Luís XIV, e, por isso, leva seu nome. No século XVII, três importantes obras culinárias na França foram publicadas após cerca de cem anos de silêncio: *Le Cuisinier*, de Pierre de

Lune (1656), *L'Art de Bien Traiter* (1674) e *Le Cuisinier François*, de François-Pierre de La Varenne (1651). Essas obras oferecem novas criações culinárias em perfeito contraste com os livros de receitas francesas medievais. Foi La Varenne quem deu ao molho o nome de *béchameil*, embora encontremos vestígios do molho nos livros de receitas do Renascimento italiano. Depois de ficar na moda, o molho volta à Itália retrabalhado e refinado com o nome de *balsamela*, talvez porque na aparência e consistência lembra um bálsamo. Alguns estudiosos fazem crer que seja derivado do *biancomangiare*, já conhecido na culinária italiana e citado no *Liber di Coquina*. No texto de La Varenne, o preparo do *roux* aparece em uma receita precisa: Peru com framboesa: "... para ligar o molho, pegue um pouco de banha cortada, coloque em uma panela e, uma vez derretida, adicione um pouco de farinha e deixe dourar. Junte um pouco de caldo e vinagre. Retire do fogo, acrescente suco de limão e sirva com o peru". Nessa época era comum o uso de outras formas alternativas à farinha de trigo como elemento de ligação para o *roux*. Este poderia ser feito com amêndoas, cogumelos ou trufas, que se preparavam triturando os ingredientes com um pilão. Contudo, a história desse molho poderia ser muito, muito mais complicada. Não está excluída a possibilidade de que o molho tenha nascido nas cozinhas da Roma Imperial.

A cozinha regional

Sistemas gastronômicos regionais

Até o século XVIII, o nascimento de verdadeiros sistemas gastronômicos regionais (e não a transmissão de pratos individuais) foi travado pela abordagem universalista e artificial da cozinha. A ruptura com os códigos culinários de até então abre uma interação sem precedentes entre a cozinha moderna e a comida local, entre o novo e o arcaico. Assim começa um processo de diferenciação, por um século ou mais, ao longo do qual fica completamente evidente a existência da cozinha regional italiana. "A tal ponto que os primeiros pesquisadores que trataram do assunto não puderam concebê-la como fenômeno recente, projetando sua origem no passado, num remoto conto de fadas de uma época de ouro, situada nas brumas do tempo".[90] Esta constatação sugere o mito arraigado e questionável sobre a existência de uma cozinha tradicional transmitida de mãe para filha e que chegou até nós quase intacta.

Essa culinária imaginária é um lugar-comum da cultura romântica revivida entre as duas guerras. A evidência documental de sua existência é irrelevante e incerta, muito mais numerosas e sólidas são aquelas do pensamento oposto. Chama a atenção que entre os ingredientes básicos dos pratos regionais mais celebrados estão os "intru-

90 Disponível em: https://www.taccuinigastrosofici.it/.

sos" do Novo Mundo (milho, batata, tomate etc.), que se difundiram apenas no século XIX. A conclusão óbvia é que os pratos regionais à base de milho, batata e tomate não podem, na maioria dos casos, remontarem a um período anterior ao século XIX.

É necessário aprofundar e necessariamente concluir que a constituição desse extraordinário capital de aptidões técnicas e «estilos» que são as cozinhas locais italianas é um fenômeno que se restringiu aos últimos dois séculos? Por certo que não, mas a ideia não é sem fundamento.

É verdade que já nos livros de receitas dos séculos XIV e XV figuram pratos «com denominação de origem», por exemplo, tortas parmenses, bolonhesas e romanas (bem como à francesa, húngara e catalã), mas o que denota sua conotação local é difícil de determinar. O mesmo pode ser dito das preparações à milanesa, à genovesa, à romana, à napolitana e à siciliana que encontramos no livro de receitas do século XV do mestre Martino, nos livros do século XVI, de Messisbugo e Scappi, e nos do século XVII, de Stefani e Latini.

Tentar rastrear o código genético da futura cozinha regional italiana em pratos locais dos séculos XIV a XVII seria um exagero. Essa hipótese também confirma o fato de que a "alta" cozinha aristocrática ou burguesa que nos é transmitida pelas crônicas dos banquetes e dos livros de receitas (sabemos muito pouco sobre a plebeia) tem uma abordagem de tendência universalista.

> Predominantemente focada no preparo de carnes, geralmente submetidas à pré-fritura, recheadas com temperos, polvilhadas com *agresto* (semelhante ao vinagre) e açúcar sem parcimônia. Finalmente, os pratos são cobertos com

> molhos complicados. Em suma, é uma cozinha radicalmente artificial, que se dedica a esconder os sabores naturais, mas também a mascarar o aspecto original das matérias-primas. O descaso, senão o desprezo, pelos sabores naturais tende muitas vezes a esconder a lógica das estações e a tipicidade dos produtos locais.[91]

Os primeiros indícios inequívocos das cozinhas regionais surgirão apenas no século XVIII, após a "revolução gastronômica" que, a partir de meados do século anterior (primeiro na França e depois em outras áreas), alterou radicalmente as bases técnicas, a paleta de sabores e noção de gosto na gastronomia europeia.

Da França, o novo verbo culinário se espalhou rapidamente pelo continente. O *Cozinheiro Piemontês Aperfeiçoado em Paris* – publicado em Turim em 1766 e reimpresso em Turim, Veneza, Milão por mais de sessenta anos – foi o primeiro manual italiano de "cozinha moderna" e constituiu um divisor de águas preciso entre o antigo e o novo tratado gastronômico.

Todos os livros de receitas italianos do final do século XVIII e início do século XIX serão igualmente devedores da França, do *Cuoco Galante*, do monge napolitano Vincenzo Corrado (1773), aos cozinheiros anônimos e grupos de vários cozinheiros.

Independentemente do nível de inventividade e do grau de complexidade dos pratos oferecidos, nenhuma receita soa estranha a nós contemporâneos. A cozinha múltipla, do forte picante, do híbrido doce-salgado, do disfarce dos sabores naturais é suplantada por uma

91 Disponível em: https://www.taccuinigastrosofici.it.

cozinha que valoriza mais os alimentos frescos, os vegetais e as ervas aromáticas, colocando fronteiras intransponíveis entre sabores e introduzindo novos fundos e novos molhos (mais gordos e mais delicados).

Vale ressaltar que, na formação do novo código gastronômico europeu, os *chefs* italianos participaram, senão como protagonistas, como coadjuvantes dignos, e não sem originalidade, propondo uma cozinha mais simples, mais fresca e mais educada (ainda que mais artesanal) que a francesa. Nesse contexto, coloca-se pela primeira vez, de forma sistemática, o problema da identidade gastronômica e das relações com as tradições locais.

Foi Francesco Leonardi, na introdução de seu monumental e moderno *Apício* (1790), quem esboçou o primeiro perfil histórico da culinária regional italiana. Ele apresentou – ao lado de pratos franceses, alemães, ingleses, russos, poloneses e turcos – várias receitas italianas locais: lombarda, veneziana, romana, napolitana, siciliana, incluindo pratos (relativamente) pobres, como o napolitano sopa de ervas à napolitana, a tripa de boi à romana e o capão de cadeia à siciliana.[92]

As cozinhas locais levaram mais de cem anos para se distinguirem completamente. Iniciado no século anterior, o processo de diversificação ocupou todo o século XIX e, paradoxalmente, foi acelerado e quase favorecido pela unificação do país. Somente no final dessa transformação, ou seja, na primeira década do século XX, o quadro

92 Na sequência, destacam-se as publicações de Vincenzo Agnoletti (*A Novíssima Cozinha Econômica*, 1814), que também se inspirou na culinária local, sem desdenhar de registrar pratos humildes como "panizze à genovesa", o *Novo Chef Econômico Milanês*, de Giovan Felice Luraschi (1829), uma testemunha confiável da cozinha lombarda da restauração, e a muito conhecida *Cozinha Theórico-Prática*, de Ippolito Cavalcanti, com seu apêndice em linguagem napolitana da época (segunda edição em 1839). Disponível em: https://www.taccuinigastrosofici.it.

da cozinha regional italiana aparecerá claro aos olhos dos estudiosos da culinária e das tradições populares.

Especialidades das regiões

Como se viu anteriormente, foi Bartolomeo Scappi, em sua Ópera[93], o primeiro autor, ainda no século XVI, a chamar a atenção para a existência de uma Itália com identidades gastronômicas diferenciadas. O autor enfoca três Itálias diversas: a Lombardia, ou Itália Padana; a Itália Pontifícia; e a Itália do "Reino", isto é, todo o sul, inclusive a Sicília.

O autor aponta três cidades que resumem a cultura gastronômica dessas três áreas: Milão, Roma e Nápoles. Contudo, um papel significativo é destinado a Veneza, cujo mercado e culinária são bem conhecidos por Scappi, por experiência própria. Outras cidades menores, como Florença, Gênova e Bolonha, completam o quadro de uma Itália territorial, cultural e também gastronomicamente diversificada, ou seja, uma Itália urbana, de grandes e médias cidades que polarizam as áreas próximas e operacionalizam o mercado de trocas de produtos, receitas e costumes gastronômicos.

A regionalização do território italiano em termos das diversidades nas características da cultura gastronômica italiana elaborada por Scappi será aqui utilizada como referência para a comparação inter-regional da produção e consumo dos diferentes alimentos com referências às raízes e às tradições desses costumes.

93 "Opera di Bartolomeo Scappi, mastro dell'arte del cucinare, divisa in sei libri", 1570.

A Itália Padana

A Itália Padana abrange todo o norte do país e tem como principal polo econômico e culinário a cidade de Milão, pátria da corte Sforza e do panetone. Apesar das características específicas da gastronomia das regiões que compõem a área, não faltam elementos comuns a todas: a manteiga prevalece sobre o azeite, o arroz sobre a massa e a produção generalizada de queijos e lacticínios. A Itália Padana abrange as regiões do Vale d´Aosta, Piemonte, Ligúria, Lombardia, Trentino e Alto Adige, Vêneto, Friuli-Venezia Giulia e Emilia Romagna.

VALE D´AOSTA

No extremo norte da área, a região do Vale d´Aosta, muito pequena e com pouca população, sempre teve uma gastronomia variada, tendo acolhido elementos da gastronomia romana, francesa e suíça. As particularidades de sua cozinha não são difíceis de se entender quando se observa a geografia da região, quase completamente montanhosa e circundada pelos mais altos picos da Itália, entre eles o Monte Branco.

Esse tipo de território torna difícil a comunicação com as zonas vizinhas, o que fez com que a cozinha da região tenha se desenvolvido contando apenas com os ingredientes que o vale oferecia, e, portanto, faltam pratos e sabores comuns às demais regiões. As massas, por exemplo, são muitas vezes substituídas por pães, arroz, queijos e até mesmo castanhas. O pão, raramente feito com farinha branca, era substituído por centeio misturado com castanhas e mel seco. A utilização do azeite de oliva sempre foi escassa.

A cozinha *valdostana* é o oposto daquela mediterrânea, pois se baseia na manteiga, creme de leite, queijo e animais de caça. A área é o reino do *Fontina*, esplêndido queijo utilizado em diversas especialidades da região.

O rigor do inverno também impõe uma bebida tradicional, o vinho quente. Este consiste do vinho cozido com cubos de pão preto, manteiga, açúcar, canela, cravo e noz-moscada, e depois passado por uma peneira. Outra bebida importante, por suas qualidades digestivas, é o café *Valle d'Aosta*, uma mistura quente de café e *gappa*[94].

A sopa de *Valpelline,* originária do vilarejo do mesmo nome, é um prato típico da cozinha alpina: substancioso, hipercalórico e de sabor forte.

Sopa de Valpelline

Ingredientes para 4 pessoas:

400g de pão branco, 400g de queijo Fontina, 150g de manteiga, 1 pitada de canela em pó, 1 litro e ½ de caldo de carne.

Ingredientes para o caldo de carne:

500g de carne de boi, ½ repolho, verduras a gosto (cebola, cenoura...), sálvia, alecrim e louro.

Preparação:

Fatiar o pão, de preferência dormido, em fatias de cerca de 1cm de espessura. Fatiar o queijo em fatias finas. Untar uma assadeira e colocar uma camada de pão de modo que não fiquem espaços vazios e, em cima, colocar uma camada de queijo. Repetir a

94 Destilado obtido do mosto da uva com forte teor alcoólico.

operação por três vezes. Despeje o caldo de carne quente sobre o preparo e cutuque com um garfo para se certificar que o caldo tenha penetrado de maneira uniforme. Derreta a manteiga com a canela e derrame sobre o preparo uniformemente. Leve ao forno por 40 minutos a 200/220 graus, cuidando que a superfície fique dourada sem queimar. Eventualmente, espalhe mais um pouco de manteiga. Tire do forno alguns momentos antes de servir, deixando repousar um pouco.

Também o *fondue* é um grande clássico dessa cozinha, geralmente preparado com o queijo Fontina, é um prato tipicamente invernal, para ser saboreado com lareira acesa e em doce companhia.

Fondue ao Vale d'Aosta

Corte uma porção de queijo Fontina em pedaços pequenos e coloque em um recipiente de barro, cubra com leite e deixe repousar por um dia. O Fontina, no momento de ser utilizado, deve estar quase totalmente derretido.

Coloque o recipiente de terracota em um banho-maria cheio de água fria e, em fogo baixo, deixe a água ferver. Mexendo com uma colher de pau, derreta o queijo até obter um creme espesso e homogêneo. Só então adicione as gemas, mexendo vigorosamente.

Sirva o fondue imediatamente polvilhando-o com noz-moscada e acompanhando-o com pão preto quente e batatas cozidas cortadas em pedaços.

Também as panquecas de Fontina são especialidades da região.

Panquecas de Fontina ao Vale d'Aosta

Ingredientes:

Fontina abundante, ovos, leite, pão ralado, carne moída, espinafre, manjericão, salsa, alecrim e óleo de semente.

Preparação:

Corte o queijo Fontina em cubos bem pequenos, coloque tudo em uma tigela, adicione a farinha de rosca, a carne, os ovos, as ervas picadas e o leite. Trabalhe bem até a mistura ficar homogênea e tempere com sal e pimenta. Aqueça o óleo na frigideira e, quando estiver quente, use a mistura para fazer as panquecas dourando-as dos dois lados. Sirva bem quente.

Dentre os pratos de caça, destaca-se a *carbonada*, gostoso ensopado que antigamente vinha preparado com carne seca cor de carbono.

PIEMONTE

Também variada e bastante refinada é a cozinha do Piemonte[95], sendo que muitas das suas receitas são de inspiração camponesa. Os piemonteses, sóbrios por natureza, mas amantes da boa comida, têm um menu rico e bem articulado.

Um lugar de honra na dieta do Piemonte é ocupado pelo arroz, que tem nesta área a sua zona de maior produção europeia. Na área de Vercelli, a recuperação das terras pantanosas pelos monges cistercienses, no final da Idade Média, levou ao cultivo intensivo do arroz, e os

95 Bartolomeo Scappi, em sua regionalização da cozinha italiana, não considera o Piemonte como integrante da culinária padana, em função da forte influência da gastronomia francesa na região.

consequentes fluxos migratórios de trabalhadores promoveram seu consumo em toda a região. Embora mantendo uma autenticidade, a cozinha piemontesa teve que lidar com a influência da vizinha França nos anos 1700.

Na culinária piemontesa observa-se o uso abundante de manteiga e banha (especialmente no passado), o consumo de vegetais crus, o uso de *sanato* (vitela de alguns meses alimentada apenas com leite), queijos especiais, a preparação dos *grissini* (palitos de pão) e o uso cuidadoso do alho. A *bagna cauda* (dialeto piemontês), um molho à base de alho, azeite, leite e anchovas, é tradicional das áreas de vinícolas onde, em novembro, quando começa o frio, os vinicultores se reuniam para festejar a nova safra. Sentavam-se com a família e os amigos em torno do fogo, colocavam a *bagna cauda* ao centro para que os camponeses e vinicultores mergulhassem nela todo tipo de verduras e pães e, assim, esquentassem seus corpos e suas almas.

> *A Bagna cauda é degustada coletiva e fraternalmente. Ela está contida em um único diàn (panela de barro) sobreposto ao scionfetta (aquecedor de terracota cheio de brasas). Todo mundo tem que mergulhar seu pedaço de legumes nesse único diàn, em alegre confusão e, acima de tudo, sem precedência de qualquer tipo.*

Ingredientes:

> *6 dentes de alho, azeite extravirgem, 50g de leite integral, 350g de anchovas salgadas.*

Para acompanhar:

> *Pimentões, beterrabas, cebolas, batatas, cardos*[96] *e vinho tinto Barbera.*

96 Planta derivada da alcachofra selvagem.

Preparação:

Descasque os alhos e os corte em pequenas fatias. Dessalgue as anchovas, colocando-as numa panela com água fria por 2-3 horas, trocando a água até que estejam dessalgadas. Escorra a água, corte cada uma ao meio, retire a parte não comestível e as lave em água corrente. Disponha os filezinhos de anchova numa assadeira sobre papel-toalha. Numa panela, coloque o alho cortado, despeje por cima o leite e leve para ferver. Deixe ferver a fogo baixo por 15-20 minutos até que o alho fique macio.

Numa panela, esquente meio copo de azeite e junte as anchovas e as cozinhe a fogo baixo. Misture com uma colher de pau até dissolvê-las. Quando as anchovas estiverem reduzidas a um creme, despeje-o na panela com o alho cozido no leite. Misture para juntar os ingredientes, junte o restante do azeite e cozinhe tudo a fogo baixo por 20-30 minutos. O molho deve ficar com uma consistência cremosa.

Existem várias preparações chamadas à piemontesa. As que registram a presença de trufas ou cogumelos são bastante características da região e têm produção extensa na área. Seguem duas receitas publicadas por Pellegino Artusi, no famoso *Ciência na Cozinha e a Arte de Comer Bem*.

Crostini de trufas

Pegue o pão de sua preferência, corte em fatias na diagonal e leve ao forno. Logo que dourarem, retire do forno, espalhe manteiga sobre as fatias. Numa panela, despeje o azeite em quantidade *que cubra o fundo. Espalhe uma camada de fatias de trufas, polvilhando sobre elas um pouco de parmesão ralado e uma pitada de farinha de rosca. Repita a mesma operação três ou quatro vezes, dependendo da quantidade de trufas e, finalmente, tempere com azeite, sal, pimenta e alguns pedaços de manteiga. Coloque a panela no fogo e, quando ferver, regue com uma concha de caldo de carne e um pouco de suco de limão. Retire este molho do fogo e despeje sobre os crostini. Não tendo trufas, use cogumelos secos amolecidos e picados e, se faltar o suco de limão, use molho de tomate ou conserva.*

Molho de trufas

Faça uma mistura com os seguintes ingredientes triturados: uma cebola do tamanho de uma noz, ½ dente de alho e um pouco de salsinha. Leve essa mistura ao fogo com 20 gramas de manteiga e, quando pegar cor, despeje dois dedos de Marsala ou vinho branco no qual já estava diluída uma colher de chá cheia de farinha. Tempere o molho com uma pitada de sal, uma de pimenta, uma de especiaria e mexa sempre com a colher de pau.

Quando a farinha tiver feito a liga, acrescente um pouco de caldo e, então, insira no molho fatias finíssimas de trufas. Deixe a preparação mais um pouco no fogo e utilize para guarnecer costeletas de vitela de leite frita, bisteca ou outra carne assada.

Dentre outras preparações que possuem suas versões à piemontesa, destacam-se o *bollito* (carne de vitela cozida), o *fritto* (aperitivo com peixe do rio, miúdos, bolinhos de maçã, sêmola doce e amaretto) e a farinata (mingau de grão-de-bico).

Farinata à piemontesa

A farinata de grão-de-bico piemontês é uma focaccia salgada fina, que deve ser consumida quente. Também chamado de "bela cada", é obtida pela mistura de farinha de grão-de-bico, água, azeite, uma pitada de sal, pimenta e duas cebolas frescas.

A pasta é deixada em repouso por cerca de três horas, e então é cozida em uma panela de cobre especial em um forno a lenha com fogo alto. A bela cada é um produto tradicional da região dos Apeninos entre as províncias de Alexandria e Gênova.

Não se pode abordar a culinária do Piemonte sem mencionar o *bonèt*, um doce típico da região consumido preferencialmente nos períodos de outono e inverno. Particularmente energético, é feito à base de cacau e licor de *amaretto*. Sua origem remonta aos banquetes do século XIII.

O bonèt

Ingredientes:

100g de biscoitos Amaretti, 15ml de rum, 35g de cacau amargo em pó, 250g de açúcar, 4 ovos, 500ml de leite.

Preparação:

Esfarele os biscoitos em uma tigela, usando o fundo de um copo.

Prepare o caramelo, colocando 100 gramas de açúcar em uma panela e o leite, em outra. Leve as duas panelas ao fogo, colocando-as juntas para melhor controlá-las.

Assim que o caramelo estiver formado, despeje-o em uma forma de silicone (use uma quadrada, 18×18cm). Deixe descansar para que solidifique.

Enquanto isso, vamos preparar a massa: em uma tigela grande, quebre os ovos e bata-os com um batedor. Acrescente também 150 gramas de açúcar, cacau e rum, continuando sempre a misturar.

Em seguida, misture os biscoitos desintegrados e o leite quente. Mexa bem para obter uma mistura homogênea.

Retome a forma com o caramelo e despeje a mistura obtida no interior. Pegue uma assadeira, coloque a forma com a mistura e despeje água na assadeira até atingir a metade de sua altura. Asse em forno ventilado em banho-maria a 160° C por cerca de 60 minutos.

Depois de assado, deixe esfriar por alguns minutos e depois desenforme, virando de cabeça para baixo em uma travessa. Por fim, decore, distribuindo biscoitos na superfície.

LIGÚRIA

Na costa do mar Tirreno, está a região da Ligúria, caracterizada por receitas saborosas, elaboradas e geralmente econômicas. Muito difundido é o uso de plantas silvestres que, devido à abundância das chuvas, crescem exuberantemente. Entre as plantas aromáticas, predomina o manjericão, utilizado em molhos preparados no pilão, como o *pesto genovês*[97], o mais famoso e executado molho da região e que já foi objeto de concurso mundial para escolher aquele a ser considerado o mais saboroso.

A história de Gênova, a cidade-porto, aponta para o cruzamento de culturas, artes e boa comida. Os comércios acionados pela República Marítima introduziram o uso de alimentos como o bacalhau, produzido em países distantes, mas retrabalhado para dar origem à chamada *buridda*. Seu preparo é muito difundido na área e utiliza, além do bacalhau, outros tipos de peixes, carnes e vegetais como, por exemplo, a alcachofra.

Buridda de lula à genovesa

Ingredientes:

1,5kg de lula, 6 tomates maduros (ou uma colher de extrato de tomate), 1 cebola cortadinha, 2 dentes de alho picados, 2 colheres de salsinha picada, 1 colher de alcaparras dessalgadas, 1 copo de vinho branco seco, 10ml de azeite extravirgem, sal e pimenta.

Preparação:

Limpe e lave os moluscos com cuidado e corte-os em tiras que serão refogadas numa panela de barro com o azeite, a cebola e o alho triturado. Logo que estiverem douradas, acrescente a polpa dos tomates (ou o concentrado diluído no vinho) e as alcaparras. Em seguida adicione o copo de vinho, tempere com sal e pimenta e tampe. Deixe cozinhar por quase uma hora a fogo baixo. Se necessário, adicione uma concha de caldo. Antes de servir, polvilhe com a salsinha picada.

97 A denominação *pesto* é utilizada para qualquer molho que tenha como base a mistura de uma gordura com uma erva.

O Renascimento é certamente um período de grande esplendor para a culinária da Ligúria. Em Gênova, encontravam-se lojas de todos os tipos, e seus cozinheiros estavam entre os mais famosos da época, disputados pelos vários Senhores. Ainda hoje existem muitos elementos comuns entre as cozinhas da Ligúria, catalã, provençal e portuguesa, gerados naquela época.

No entanto, a autêntica cozinha de Gênova e de toda a região começou a se desenvolver após o século XVIII. Bastante desprovida de influências francesas massivas, conseguiu manter seu caráter mediterrâneo e preciso. Essa gastronomia é lembrada em muitos tratados antigos, e há muitas receitas de "terra e mar" que sobreviveram ao longo dos séculos, como a *farinata* ou a tripa à moda genovesa (mais delicada que a de outras regiões).

Farinata ou bolo de grão-de-bico

Ingredientes:

Farinha de grão-de-bico, azeite extravirgem, sal, alecrim, pimenta.

Preparação:

Dilua meio quilo de farinha de grão-de-bico em um litro e meio de água, mexendo vigorosamente e evitando a formação de grumos. Deixe a massa descansar por uma noite inteira.

No dia seguinte, retire a espuma que se formou na superfície, trabalhe a farinata com uma concha, incorporando um copo de azeite extravirgem e adicione sal. Despeje a mistura em uma assadeira bem untada com óleo, complete com alecrim, pimenta moída na hora e leve ao forno em temperatura alta por vinte minutos.

Em suma, pratos elaborados a partir de elementos muito diversos, muitas vezes temperados com azeite de oliva, identificando a história e a posição geográfica desta terra, que graças a um microclima úmido e excepcional para o norte da Itália, possui uma variedade de vegetais e frutas que englobam quase todos os considerados cultiváveis.

Muito típico da região é o doce beijos da dama. Há quem acredite que o biscoito chamado *baci di dama* representa a união dos lábios, sendo formado por dois discos de massa soldados por geleia, creme ou chocolate. Outros, com base nos ingredientes que o compõem, justificam o nome ligando-o à doce boca feminina.

A data de nascimento dessa iguaria pode ser situada no século XIX, na área de Contesa, entre a Ligúria e o Piemonte. A receita, que previa amêndoas, manteiga e açúcar, atravessou as áreas vizinhas, dando origem às muitas variantes italianas.

Beijos da dama

Ingredientes:

125g de manteiga, 125g de farinha, 125g de amido, 125g de amêndoas e avelãs, 125g de açúcar granulado, 125g de chocolate amargo, 60g de creme de leite.

Preparação:

Pique as amêndoas e avelãs com metade do açúcar, tornando a mistura homogênea. Depois junte o açúcar trabalhado com a manteiga em pedaços pequenos e por fim a farinha e o amido. Misture até obter uma mistura homogênea. Forre uma assadeira com papel-manteiga e, com a ajuda de um saco de confeitar, forme muitos tufos arredondados um pouco distantes um do outro. Asse em temperatura moderada por cerca de 15 minutos. Enquanto isso, derreta o chocolate com o creme de leite em banho-maria. Retire do forno e esfrie os biscoitos e depois misture aos pares com o chocolate. Excelente servido com um cappuccino ou uma xícara de chá.

Outra especialidade regional são as *focaccias*. Segue receita de *focaccia* doce:

Focaccia doce alla genovesa

Ingredientes:

1kg de farinha branca, 350g de passas, 3 ovos, 100g de pinoli, 100g de frutas cristalizadas, 1 colher de chá de erva-doce, casca ralada de 1 limão, 1 copo de licor (conhaque ou uísque), 125g de manteiga, 350g de açúcar, uma pitada de sal e 50g de levedura de cerveja.

Preparação:

Misture 500g de farinha branca com 25g de levedura de cerveja diluída com um pouco de água morna e aguarde a fermentação. Neste ponto, adicione o restante da farinha e do fermento, manteiga, ovos, açúcar, passas, erva-doce, pinoli, frutas cristalizadas, casca de limão ralada, um copo de licor e uma pitada de sal.

Amasse com cuidado, deixe crescer e despeje a mistura em uma forma circular (previamente untada e polvilhada com farinha *branca). Misture novamente um pouco, deixe descansar por 15 minutos e asse no forno a 150° por uma hora.*

LOMBARDIA

O gosto pelas carnes, incluindo tripas e outras miudezas, é típico da região da Lombardia e tem origens distantes, não sendo por acaso que os milaneses foram apelidados de *busecconi* ou *tripponi*, isto é, "comedores de tripa". Há um prato que talvez mais do que qualquer outro, há 150 anos, uniu a Itália: as tripas. Em todo o país se prepara, se cozinha e se come a tripa com gosto. Desde o século XIV, já existiam as "Confrarias da Tripa" e, até poucos anos atrás, era realizado na Província de Verona o *Palio della Trippa*, concurso de melhor prato de tripa da Itália, aberto a restaurantes, açougues, tabernas e *chefs* de festivais. Nessas competições, os adversários mais temidos eram os lombardos, que, muitas vezes, venceram a disputa.

Como ensina Morello Pecchioli,[98]

> ... o fato é que a tripa é um prato pobre, mas de muito bom gosto. Proteínas modestas, mas saborosas. É formado pelas várias partes que compõem o estômago dos ruminantes, em particular do gado (embora não faltem tripas de porco, frango e vários outros animais, incluindo peixes). Obviamente, dada a sua função e a sua anatomia, deve ser bem lavada, raspada e fervida durante horas.

98 Jornalista profissional. Fundador e editor do jornal on-line *Goloso & Curioso*. Autor de livros históricos e de gastronomia e vinhos.

Segue receita de tripa à parmegiana, uma entre inúmeras variações desse prato. É um preparo realmente saboroso, fácil e capaz de satisfazer os paladares mais exigentes.

Tripa à parmegiana

Preparação:

Inicie o preparo lavando, lavando novamente e raspando a tripa em água corrente que depois é fervida por 10 minutos em bastante água levemente salgada com meia cebola, um talo de aipo, uma cenoura, um raminho de alecrim e uma folha de louro. Após o cozimento, retire os aromas, escorra a tripa e corte-a em tiras finas reservando o caldo. Enquanto isso, em uma panela, doure uma cebola picadinha, uma cenoura e um talo de aipo cortado em cubos bem pequenos. Adicione um pouco de vinho branco seco e mexa bem para que a mistura de sabores seja perfeita. No final, acrescente o caldo de carne, deixando tudo em fogo baixo por meia hora. Se necessário, acrescente ainda mais caldo para manter a tripa macia. Após cerca de meia hora, o purê de tomate e o outro caldo, o do cozimento, devem ser adicionados. Tempere com sal a gosto. Continue em fogo baixo até que a tripa fique macia como a bochecha de um bebê. É neste ponto que se junta o parmesão. Servir quente.

Talvez o prato mais antigo da área (de origem celta) seja o *cuz*, que ainda se prepara no inverno. É carne de cordeiro cozida na própria gordura, temperada com ervas aromáticas e depois deixada para refrigerar ao ar livre em grandes cubas de madeira. Costeleta e risoto com açafrão e ossobuco são os símbolos que evocam os tempos de Manzoni[99].

Costelinha à milanesa empanada[100]

Ingredientes:

Costeleta de vitela, ovo, pão ralado, manteiga, azeite extravirgem.

Preparação:

Pegue uma costeleta ou nó de vitela que tenha o osso preso. Caso contrário, seria no mínimo exagerado e inadequado chamá-la de costeleta.

Escolha uma nem muito gorda nem muito maga, mas mais magra do que gorda. Coloque as costeletas na tábua de corte e, com o moedor de carne, comece a bater suavemente na carne para que as fibras não se despedacem, mas quebrem.

Terminada esta operação, que pode durar cerca de vinte minutos, a costeleta é passada no ovo batido e depois na farinha de rosca. Esta operação também deve ser repetida pelo menos duas vezes para garantir um empanado perfeito e regular. Enquanto isso, um grande pedaço de manteiga e um pouco de azeite foram derretidos no fogo, para fritar. Neles você passará as costelas que devem, para serem comestíveis e perfeitas, ser douradas em todas

99 Alessandro Francesco Tommaso Manzoni, poeta, romancista e filósofo italiano. Considerado um dos maiores romancistas italianos de todos os tempos, é autor do famoso romance *I Promessi Sposi* (traduzido para o português com o título *Os noivos*), considerado pedra angular da literatura italiana.

100 Receita milanesa do século XIX, citada por C. Steiner em *Il ghiottone lombardo* apud https://www.taccuinigastrosofici.it.

as suas partes. Antes de trazê-las para a mesa, as costelas devem ser finalizadas, ou seja, as "alças" de cada uma devem ser cobertas com uma decoração de papel.

Strauss e a costeleta

Apesar da oposição de seu pai, Johann pai, que queria que ele fosse banqueiro, Johann II foi o primeiro músico liderando uma orquestra em turnês de muito sucesso na Europa e nos EUA.

Enriquecia aquela elegante coleção de valsas vienenses, que ligava o nome da Strauss à história das sete notas.

Suas obras contêm a atmosfera alegre das grandes festas de dança dos Habsburgos[101], e é difícil imaginar uma música mais elegante e refinada do que as valsas vienenses.

Johann II também compôs uma *polca-cotolekt,* que tinha como objetivo realçar a famosa costeleta à milanesa, cuja autoria já vinha sendo discutida entre milaneses e vienenses.

Infelizmente, a partitura desta dança mítica foi queimada após a morte de seu criador.

A polenta *taragna* é um prato de origem pobre e foi durante muito tempo o alimento básico dos camponeses lombardos. O nome *taragna* deriva de *tarai* (dialeto) e é uma longa vara com a qual antigamente se misturava a polenta durante o cozimento no caldeirão de cobre.

Muitas são as variedades desse tipo de polenta difundidas no território lombardo, todas especialidades para se degustar num dia frio com um bom copo de vinho tinto encorpado.

101 A Casa de Habsburgo, também conhecida por Casa da Áustria, é uma família nobre europeia que foi uma das mais importantes e influentes da história da Europa do século XIII ao XX.

Polenta taragna

Ingredientes para 4 pessoas:

200g de farinha de grão sarraceno, 250g de farinha de milho, 2 litros de água, 600g de queijo gordo, 150g de manteiga, sal que baste.

Preparação:

Encha de água um caldeirão de cobre e leve ao fogo. Quando a água ferver, acrescente o sal e comece a derramar na forma de chuva a farinha de milho e de grão sarraceno, misturando com um "fuet", para evitar que se formem grumos, em fogo médio. Depois de misturada a farinha, mexa a polenta com uma colher de pau durante o cozimento que será de 1 hora sem deixar que comece a se formar uma crosta no fundo da panela. Findo o tempo de cozimento, verifique a consistência da polenta: se preferir uma polenta mais macia, acrescente água quente durante o cozimento.

Abaixe o fogo e junte a manteiga e o queijo cortados em cubinhos e cozinhe por mais 5 minutos, continuando a mexer para unir bem os ingredientes. Terminado o cozimento, derrame a polenta num tabuleiro e sirva bem quente.

Os Gonzagas[102] mantiveram o senhorio na cidade Mântua (sudeste da área padana) por quatro séculos e tinham *chefs* famosos a seu serviço, incluindo o já citado Bartolomeo Stefani. Esta área constitui um rico "marco" gastronômico. Aqui se pode encontrar massas recheadas típicas da Emília, risoto de raiz da Lombardia, pratos da corte medieval e sobremesas como a *sbrisolona*, símbolo da confeitaria

102 Família de nobres italianos do século XVI.

da área. Sua origem seria camponesa, como atesta o uso da farinha de milho, ingrediente fundamental da receita nascida entre os séculos XVI e XVII. Parece que era preparada em ocasiões especiais, como o nascimento de um filho ou casamento. Na tradição lombarda, essa sobremesa era chamada de "bolo de três xícaras" devido à quantidade igual, medida em xícaras, de seus três ingredientes principais: farinha amarela, farinha branca e açúcar.

Sbrisolona

Ingredientes:

200g de farinha, 200g de farinha de milho, 200g de amêndoas descascadas, 150g de açúcar, 100g de manteiga, 100g de banha, 2 gemas, 1 sachê de baunilha, 1 limão, açúcar de confeiteiro, sal.

Preparação:

Misture as farinhas e adicione as amêndoas picadas, o açúcar, a baunilha, as raspas de limão raladas, as gemas, uma pitada de sal e por último a manteiga com a banha. Trabalhe os ingredientes até que a massa fique não uniforme, mas com pequenos grumos, isto é, uma massa compacta, mas quebradiça. Despeje tudo em uma assadeira untada com manteiga. Leve ao forno médio e retire quando a superfície estiver dourada. Sirva o bolo, partindo-o sem usar faca, polvilhado com açúcar de confeiteiro.

Outros doces mundialmente conhecidos e originários da região lombarda são o panetone e o torrone. O primeiro é da cidade de Milão e o segundo de Cremona.

O panetone já existia no século XIII, como pão enriquecido com fermento, mel e uvas secas. O nome panetone teria nascido para indicar o formato maior que tinha em comparação com outros produtos de panificação. Mesmo no século XIX esta preparação era apenas um grande pão baixo enriquecido com ovos, açúcar, passas.

Existem algumas lendas associadas ao nascimento do panetone. A primeira conta a história de Ughetto, filho de conhecido *condottiero*[103], que, para impressionar a bela e jovem Adalgisa, filha do confeiteiro Toni, encarregou seu pai de fazer um pão especial enriquecido. O bolo feito de manteiga, ovos, açúcar, cedro e laranjas cristalizadas obteve o resultado desejado, e vários nobres começaram a dar o *pan del Toni* às próprias namoradas.

A segunda lenda atribui o nascimento do panetone aos cozinheiros da corte do duque Ludovico Sforza, que, para celebrar o Natal dignamente, prepararam um pão abobadado contendo uvas. Por um descuido de Toni, o atendente do forno, a massa queimou por fora, formando uma crosta grossa. A sobremesa foi muito apreciada pelos cortesãos que a chamavam de *pan del Toni* para realçar a sua peculiaridade.

Panetone recheado

Ingredientes:

1 panetone, 500ml de creme de leite fresco, 80g de açúcar, chocolate negro.

103 Mercenário que controlava uma milícia sobre a qual tinha comando ilimitado e estabelecia contratos com qualquer Estado interessado em seus serviços.

Preparação:

Corte a extremidade inferior do panetone, tentando preservar a parte mais externa, que será necessária para fechar a base. Esvazie completamente o interior, com as mãos ou com a ajuda de uma colher, deixando as paredes com cerca de um centímetro de espessura (coloque de lado a polpa extraída).

Bata um pouco de creme de leite fresco com um batedor elétrico até obter um creme firme (tipo chantilly), adoce com açúcar de confeiteiro e misture delicadamente com a polpa do panetone. Por fim, recheie o panetone com a mistura de creme e feche com a "tampa".

Sirva o bolo cortado em fatias polvilhado com chocolate derretido ou em flocos.

O torrone é um doce típico de Natal de várias regiões da Itália, historicamente também presente em países como Espanha e França (graças à influência árabe que apresentou um doce parecido, mesmo que com um nome diferente e mais parecido com um crocante).

Feito com um composto denominado *nougat*, que parece derivar do latim *torreo*, verbo que significa "torrada", com referência à tosta de avelãs e amêndoas. Seus ingredientes sugerem alguns valores simbólicos como doçura (mel), força de vida (amêndoas), renascimento (clara de ovo).

Existem várias teorias sobre sua origem. Acredita-se que possa derivar de uma preparação de mel, clara de ovo e amêndoas presente na Roma antiga, como mostram alguns escritos do historiador Tito Lívio.

Uma hipótese posterior ligaria a receita aos árabes, que a teriam difundido no sul da Itália e no Mediterrâneo.

Uma lenda cremonense identificaria o primeiro torrone tradicional com o bolo especial de amêndoa e mel em forma de torre preparado pelos cozinheiros da corte para o casamento entre Bianca Maria Visconti e Francesco Sforza.

Certamente a palavra *torrone* aparece pela primeira vez em textos culinários italianos de 1500 e na obra de Messisbugo.

Hoje as diferentes variações regionais da receita podem basear-se numa massa mais ou menos mole, enriquecida com frutos secos, figos, ervas aromáticas, especiarias, cascas de citrinos ou chocolate.

Torrone

Ingredientes:

500g de mel, 650g de açúcar, 750g de amêndoas (avelãs, pistaches, frutas cristalizadas...), um sachê de baunilha, 5 claras de ovo.

Preparação:

Bata as claras até ficarem firmes. Caramelize o mel com o açúcar e 200ml de água. Combine os dois compostos e coloque de volta no fogo enquanto continua a misturar. Quando estiver pronto, adicione as amêndoas torradas e misture vigorosamente. Estenda uma folha de hóstia em uma forma retangular, despeje a mistura e cubra com outra folha de hóstia. Pressione levemente com as mãos e nivele. Corte o nougat ainda quente no tamanho desejado.

Deixe descansar e sirva cortado em pedaços. Para obter um torrone mais macio, adicione mais claras de ovo.

TRENTINO E ALTO ADIGE

As cozinhas das duas províncias que compõem a região de Trentino e Alto Adige, ou Tirol do Sul, devem ser consideradas separadamente. Trento tem uma tradição gastronômica composta por uma cozinha de sobrevivência, em contraste com os suntuosos almoços da época do Conselho de Trento. Bolzano, a porta de entrada para os Dolomitas, por outro lado, é um ponto de encontro entre os costumes culinários austríacos, germânicos e húngaros. No Alto Adige procura-se o esplendor decorativo dos pratos, aliado à criteriosa escolha de ingredientes e molhos. As diversidades são registradas até mesmo na preparação das sobremesas. As matérias-primas são em muitos casos semelhantes: leite e creme de leite, castanhas e maçãs, ameixas, damascos e nozes. Semelhante também é a vocação para o vinhedo. O elemento que, por razões climáticas, distingue as receitas é a farinha: no Trentino branca ou amarela, e no Tirol do Sul sobretudo o centeio.

TRENTINO

Durante séculos, a distância entre a cozinha pobre e a dos poderosos foi enorme. Polenta (milho, batata, trigo sarraceno), chucrute (obtido do repolho cortado em tiras finas e conservado em sal), banha, *minestrone*, um pouco de queijo e manteiga eram os alimentos do povo desta terra. A realidade das cortes dos prelados ricos e poderosos que consumiam principalmente carne dos Alpes é bem diferente dessa cozinha. A torta de macarrão, ainda hoje um prato para ocasiões especiais, é uma das ricas preparações importadas por cozinheiros e camareiros seguindo os prelados. Somente no século XIX, após a anexação desta terra ao Reino da Itália, a culinária trentina foi enriquecida com massas, que sempre foram substituídas por *canederli* e uma boa variedade de nhoques.

Canederli com grão

Ingredientes para 4 pessoas - 8 bolinhos:

250g de pão amanhecido, 150g de speck do Tirol do Sul, 2 ovos, 150ml de leite, 1 colher de cebola picadinha, 30g de manteiga, 2 colheres de salsa picada, 1 colher de cebolinha picada, farinha não superior a 30g, sal e pimenta.

Preparação:

Doure a cebola na manteiga, adicione o speck picado e misture numa tigela com o pão amanhecido cortado em cubos. Bata os ovos, acrescente o leite, a salsinha e a cebolinha. Acrescente pimenta e sal com moderação. Misture tudo com cuidado e deixe a massa descansar por 15 minutos ou mais.

Adicione um pouco de farinha, geralmente uma ou duas colheres de sopa de farinha devem ser suficientes. A farinha pode ser diminuída e até mesmo eliminada, especialmente se usar leite quente.

Forme os bolinhos com as mãos, com um diâmetro de cerca de 5-6 cm.

O bolinho (também aquele a ser servido em caldo) é colocado em água fervente com sal e depois cozido por cerca de 15 minutos no ponto de ebulição mínimo.

ALTO ADIGE OU TIROL DO SUL

É a área da região que corresponde à província de Bolzano. A origem da cozinha sul-tirolesa é alemã nas preparações, na combinação de sabores (açúcar/sal), no uso de especiarias, na escolha de alimentos dominados pela batata, centeio, cevada e couve. Outras influências vêm da culinária do Império Austro-Húngaro, como evidenciado pelo *goulash*, prato de carne de boi picada a que por vezes se adiciona carne de porco em cubos e alourada em gordura quente mais farinha, cebola e especiarias, sendo o conjunto cozido em água. Nesta zona os *knödel* são muito populares, preparados de várias maneiras, principalmente com pão de centeio e fígado ou grão.

Gastrônomos dos séculos XVI e XVIII (Messiburgo e Leonardi) chamam a atenção para os bolos à alemã, semelhantes às sobremesas de maçã e *strudel* que representam esta cozinha. Também inspirados na gastronomia alemã são as receitas de *cotechini*, tipo de linguiça de origem italiana, tão difundida no vale do Adige.

O *strudel* é um doce típico do Trentino-Alto Adige, que adapta a receita original turca à gostosa maçã da região. A receita é muito simples e consiste numa massa de farinha e ovo recheada de mel, fruta seca e açúcar.

Strudel de maçã

Ingredientes:

200g de farinha, 100g de manteiga, 50g de açúcar, 1 ovo, uma pitada de sal e 100ml de leite.

Ingredientes do recheio:

500g de maçã, 50g de uva-passa, 50g de fruta seca (pinoli, amêndoas ou nozes trituradas), 100g de açúcar, 1 pitada de canela em pó, 1 gema de ovo e manteiga q.b.

Preparação:

Misture com as mãos o ovo, a farinha, a manteiga e o sal, juntando pouco a pouco o leite morno. Misture até obter uma massa macia e compacta que vai descansar por 15 minutos. A massa deverá ser aberta numa base polvilhada com farinha utilizando-se um rolo de macarrão até que se obtenha uma camada de massa fina. Sobre esta camada espalhe as maçãs cortadas em fatias finas, deixando alguns centímetros livres nas bordas. Às maçãs junte as uvas-passas, as frutas frescas e polvilhe açúcar e canela. Prestando atenção para não romper a camada de massa, enrole tudo fechando as extremidades. Faça a massa aderir nas bordas com a pressão das mãos e torça as extremidades. Acomode o strudel numa assadeira grande e ligeiramente untada. Antes de levar o doce ao forno, pincele-o com uma gema de ovo. Assar por 50 minutos.

VÊNETO

A região do Vêneto é dominada por quatro elementos: arroz, polenta, feijão e bacalhau, aos quais podemos adicionar batatas e vegetais.

O arroz chegou do mundo árabe por meio do comércio e, desde a primeira metade do século XVI, era cultivado nas vastas planícies (onde hoje é produzido o *vialone nano*), gerando cerca de quarenta pratos diferentes, alguns dos quais famosos como *risi e bisi*, ou risoto de ervilhas, comida obrigatória no dia 25 de abril, dia de São Marcos, padroeiro da cidade de Veneza.

> ... consta que, nesse dia, à mesa do Doge encontravam-se altos representantes da República e de embaixadas estrangeiras para um farto banquete no Palácio Ducal. Segundo a tradição, antes do almoço o Doge olhou para a varanda e saudou as pessoas que celebravam com um prato de risi e bisi na mão, como sinal de prosperidade para a Sereníssima. Todos os venezianos cozinharam para a ocasião o prato símbolo da nova estação. [104]

Risi e bisi

Ingredientes:

Ervilhas, arroz, manteiga, bacon, salsinha, cebola, sal, pimenta e queijo parmesão.

Preparação:

Lave as ervilhas e coloque manteiga em uma panela. Acrescente bacon picado, salsinha e cebola. Doure tudo levemente por alguns minutos, depois incorpore as ervilhas e deixe-as absorver o tempero, molhando-as um pouco de cada vez com o caldo. Leve a meio do cozimento, adicione mais caldo, deixe ferver e adicione o arroz. Cozinhe ao dente, mexendo muito delicadamente. Alguns minutos antes de servir, tempere com sal, pimenta e incorpore manteiga e queijo parmesão ralado. Despeje em uma terrina e leve à mesa o risi e bisi.

104 https://www.taccuinigastrosofici.it/.

Com a descoberta da América, a farinha de milho e o feijão ficaram conhecidos. Dos mares do norte, ao longo das rotas do Báltico, vinha o bacalhau, talvez o alimento "unificador" da cozinha veneziana. Segue receita do famoso bacalhau à vicentina:

Bacalhau à vicentina

Ingredientes:

800g de bacalhau, 300ml de azeite extravirgem, 3 anchovas salgadas, salsinha, 500ml de leite, 3 colheres de farinha, 2 cebolas, sal, pimenta e polenta fatiada.

Preparação:

Mergulhe o bacalhau em água fria, trocando-a de quatro em quatro horas, durante dois ou três dias. Retire parte da pele, a espinha e os espinhos e corte-o em pedaços quadrados.

Dessalgue as anchovas, lave-as em água corrente, enxugue-as com papel-toalha e corte-as em pedaços. Corte as cebolas finamente, doure-as em uma panela com 150ml de azeite, adicione as anchovas e por último, em fogo baixo, acrescente a salsinha picada.

Enfarinhe os vários pedaços de bacalhau, cubra-os com o refogado e coloque-os um ao lado do outro numa panela de terracota, no fundo da qual terão sido despejadas algumas colheres de refogado. Adicione o leite, o restante do azeite e o sal e a pimenta. Cozinhe em fogo muito baixo por cerca de quatro horas e meia, movendo o recipiente de vez em quando no sentido de rotação, sem nunca mexer. Sirva o bacalhau quente com polenta fatiada.

Obs.: Se durante o cozimento o bacalhau ficar um pouco ressecado, adicione leite. Cuide para que as postas não grudem no fundo da panela

Entre os produtos oferecidos pela região tem-se um rico sortimento de carnes, queijos e hortaliças, principalmente *radicchio* e cebola, tanto que muitas preparações em que o ingrediente principal é a cebola são chamadas de "ao estilo veneziano". A pimenta, a canela, o cravo e as passas de Corinto constituem especiarias que eram comercializadas, mas também exploradas para criar pratos excelentes como a sardinha no sal.

Sardinha no sal (sarde fritte "al saòr")

Ingredientes:

1kg de sardinhas, 1,5kl de cebolas brancas, 25g de passas, 25g de pinoli, ½ copo de azeite, 1/3 de copo de vinagre de vinho branco, 2 ramos de folhas de louro, sal e pimenta.

Preparação:

Corte a cebola em juliana bem grossa e coloque-a em uma panela, adicione os pinoli, as passas e as folhas de louro, sal, pimenta, azeite e vinagre.

Cozinhe em fogo muito baixo, tendo o cuidado de cobrir a panela com uma tampa. Lembre-se de mexer com frequência suficiente para que a cebola cozinhe uniformemente. Quando a cebola estiver dourada e translúcida, desligue o fogo e deixe esfriar.

Limpe as sardinhas retirando a cabeça e as vísceras. Enfarinhe-as e frite-as no azeite. Depois de fritas, seque-as e salgue-as moderadamente.

Este prato deve ser montado frio. Desta forma, as sardinhas não continuarão a cozinhar, sua carne não se desmanchará e permanecerá compacta. A montagem do prato deve ser feita em camadas, certificando-se de que a primeira e a última camada sejam do molho de cebolas, ou seja, o "saòr".

Não coma o prato de imediato, as sardinhas em "saòr" ficam deliciosas de imediato, mas ficam perfeitas a partir do segundo dia!

Bastante superada pela onipresente polenta e nhoque, a massa veneziana é identificada com o *bigoli*. Este tipo de macarrão, de preferência temperado com molho de carne ou miudezas de pato, torna-se o prato tradicional da véspera de Natal em combinação com molho de anchova.

Bigoli no sal

Ingredientes para 4 pessoas:

400g de bigoli, 300g de anchovas frescas, 70g de passas, cebolas, azeite extravirgem, sal e 2 colheres de sopa de pão ralado.

Preparação:

Limpe as anchovas eviscerando-as de forma delicada. Enquanto a água do macarrão está fervendo, refogue o azeite e a cebola. Deixe ferver em fogo baixo, acrescente as anchovas e o pão ralado. Adicione também as passas que você embebeu em água. Escorra o macarrão al dente e termine de cozinhar em uma panela para misturar todos os sabores e aromas.

Curiosidade: Marco Polo e a massa

"... nem pagão ou sarraceno, nenhum homem de qualquer geração viu ou procurou tantas coisas maravilhosas no mundo como o fez Mestre Marco Polo".

Marco nasceu em Veneza, em uma família de viajantes, e empreendeu aos dezessete anos, em 1271, a famosa viagem para o leste com seu pai, Nicolò, e seu tio Matteo.

Durante os 24 anos de sua aventura, ele cruzou toda a Ásia, chegando até Pequim, a sede do Grande Khan e o centro nevrálgico de um imenso e fabuloso império. Lá ele esteve a serviço do imperador por vários anos, desempenhando atividades diplomáticas e administrativas. Então, de acordo com a tradição, no seu retorno da viagem à Ásia, em 1295, Marco Polo teria trazido especiarias e tecidos maravilhosos, e até mesmo uma comida estranha feita de tiras macias: macarrão. Esta história é muito famosa, mas é uma lenda, porque a massa que Marco conseguiu provar nada tinha a ver com a típica massa italiana de trigo duro, mas era feita com "farinha de árvore" (ou soja). Ainda hoje, a China vê presença marcante do macarrão em sua gastronomia: macarrão de soja, macarrão de arroz e bolinhos de farinha de arroz.

FRIULI-VENEZIA GIULIA

Na região de fronteira do Friuli-Venezia Giulia se encontram o Oriente e o Ocidente, e a cozinha só pode ser fruto de uma mistura de sabores. No Friuli a cultura veneta e padana se unem à riqueza culinária do Império Austro-Húngaro, criando interessante entrelaçamento de sabores com abundante uso de açúcar, manteiga, queijo, frutas e geleia. O gosto simples da cultura camponesa se funde com o das cortes aristocráticas para dar vida a receitas insólitas e profundamente diferentes do resto do país. Junto com as sopas estão presentes a polenta e o nhoque de pão. A cozinha do Friuli apresenta numerosas variantes de nhoque, como os preparados com batata, queijo, salsicha e pão de centeio, e os de origem medieval, feitos com pão, uvas-passas, especiarias e ervas aromáticas chamadas de *pistum*.

O alimento fundamental dessa terra é a polenta, feita com milho abundantemente produzido na região. A polenta friulana é bastante consistente e muito cozida, e combina bem com queijos, cogumelos e trufas brancas das colinas de Gorizia.

Existe uma grande família de queijos de leite de vaca (as ovelhas são escassas), que levam o nome do local onde são produzidos. O *frico*, uma espécie de *focaccia* de queijo enriquecida com batatas ou outros ingredientes, é um exemplo de como os produtos da arte láctea são abundantemente consumidos pelos friulanos. Considerado o aperitivo dos almoços de antiga origem camponesa, era preparado pelas mulheres antes de levar os animais ao pasto, deixando uma panela com as cascas do queijo sobre as brasas da lareira.

A carne suína sempre teve um lugar de destaque na dieta da região, com especial cuidado dedicado ao acondicionamento de embutidos como o presunto San Daniele.

O *goulasch* é de origem húngara e está muito difundido por toda a região, assim como o *cotechino* cozido com nabos azedos.

Nhoque de pão à moda de Trieste

Ingredientes:

250g de pão dormido, ½ litro de leite, 2 ovos, 200g de farinha, 50g de manteiga, 1 dente de alho, 2 folhas de sálvia, noz-moscada q.b., queijo parmesão q.b., sal e pimenta q.b.

Preparação:

Corte o pão em pedaços médios. Aqueça uma panela com leite e, quando estiver por ferver, tempere com sal. Mergulhe no leite o pão, deixe-o amaciar e mexa com uma colher de pau até que se obtenha um composto homogêneo. Acrescente os ovos e, sempre misturando, junte aos poucos a farinha. Tempere com noz-moscada, sal e pimenta. O composto deve ficar denso como um purê. Cubra e deixe repousar por duas horas em lugar fresco.

Transcorrido esse tempo, ponha no fogo uma panela cheia de água, salgue quando ferver e usando uma colher deixe cair a massa com a forma de uma grossa amêndoa. Repita o processo até que a massa acabe. Cozinhe os nhoques por, pelo menos, cinco minutos. Derreta a manteiga e tempere com o alho e a sálvia. Elimine o alho, escorra os nhoques utilizando uma escumadeira e tempere com a manteiga aromatizada. Por fim, polvilhe o queijo ralado.

EMÍLIA-ROMAGNA

A Emília-Romagna tem como centro de referência a cidade de Bolonha, mas a área é formada por duas regiões vizinhas com histórias diferentes. Em 1860 (época da unificação do reino da Itália), a Emília, formada pelas cidades de Modena, Reggio, Parma e Piacenza, foi anexada ao Reino da Itália. As fronteiras administrativas da região foram alargadas de modo a incluir as cidades de Bolonha, Ferrara e toda a Romagna. As duas áreas tiveram destinos e culturas muito diferentes também na arte de cozinhar.

Contudo, apesar das culturas diferentes elas têm em comum o fato de serem o reino da massa de ovos feita com farinha de trigo, além de serem conhecidas como a terra onde a preparação da pastelaria mantém quase o caráter de um ritual. Na região, os ovos são escolhidos entre os de casca mais escura, para garantir gemas bem coloridas, que podem dar um tom dourado à massa, e a massa é enrolada com habilidade e dividida de acordo com o uso: fina com um corte largo para massas secas, grossa com um corte estreito para massas a serem servidas em caldo.

Da lasanha ao *tagliatelle*, do *strichetti* (semelhante ao *farfalle*) ao *passatelli* (*vermicelli* com pão ralado, queijo e ovo, servido em caldo ou seco), a variedade de massas recheadas é infinita, preferencialmente servidas *al brodo* (caldo), processadas de acordo com os segredos herdados da família.

Seu rei é o *tortellino*, mas também os *anolini*, já mencionados por Scappi em 1570, obtidos com ferramentas especiais e, segundo a tradição, deveriam ser preparados em três dias: o primeiro dedicado ao recheio, o segundo necessário para deixá-lo descansar e o último para fazer a massa e a embalagem. Em geral o recheio é de ervas e queijo nos *tortelli*, de carne nos *cappelletti* e nos *anolini*, e de abóbora nos *cappellacci*.

O culto ao *tortellino* é algo mais que um fato estritamente alimentar. A mania dos *tortellini* está tão profundamente enraizada no vale do Pó que poderia ser considerado o emblema carnal de um povo alegremente epicurista.

Ainda não se sabe, com certeza, qual foi a origem do *tortellino*. Conta-se que uma cozinheira tomou como inspiração o umbigo da deusa Vênus, enquanto outra lenda conta que foi o umbigo de um marquês bolonhês que inspirou sua forma.

Umbigo de Vênus, manteiga, sálvia e parmesão

Ingredientes:

Farinha, ricota, ovos, parmesão, salsa, noz-moscada, manteiga, sálvia e sal.

Preparação:

Em uma tigela, misture a ricota peneirada, o parmesão, o ovo, a salsinha, o sal e a noz-moscada. Sobre a mesa, peneire um pouco de farinha e coloque ovo e a água no centro. Trabalhe bem a massa e, em seguida, abra de forma que se obtenha uma lâmina fina com um rolo. Da massa, corte alguns discos em cada um dos quais você colocará o recheio.

Dobre cada disco ao meio, fechando bem as bordas, depois junte as extremidades para formar um umbigo.

Cozinhe os tortellini em abundante água salgada.

Escorra-os e arrume-os diretamente em um prato fundo e tempere-os em camadas com manteiga dourada e sálvia, polvilhados com queijo parmesão.

EMÍLIA

A gastronomia da Emília é opulenta, sólida, saborosa e temperada, e é provavelmente da tradição do século XVI-XVII que herdou estas características que renderam a Bolonha, ainda hoje, o apelido de *La Grassa*. Na complexa história da região, a vida da corte teve certamente muita influência, e isso é demonstrado pela riqueza das receitas propostas. Entre os autores da arte de cozinhar, vale lembrar de Artusi[105], que afirma: "Quando ouvires falar da cozinha bolonhesa,

105 ARTUSI, Pellegino.

faça uma reverência, porque ela merece". Simpáticos e alegres, os cidadãos da Emília sempre foram amantes da culinária, comem bem e discutem a comida com formidável paixão.

São três os protagonistas dessa gastronomia, além das massas recheadas e não recheadas com ovos: o queijo *parmigiano reggiano*, produtos de *salumeria* e nhoque frito. O nhoque frito é uma preparação típica da área, e seu nome varia de região para região. A história da sua preparação está ligada à cultura lombarda, que tinha banha abundante. Essa receita simples tem uma grande variedade de interpretações, unidas por alguns ingredientes básicos como: farinha, sal, água e banha. Até depois de meados dos anos 1900, os nhoques fritos representavam tanto a comida tradicional de rua das festas populares quanto um dos alimentos do café da manhã camponês.

Nhoque frito emiliano

Ingredientes:

Farinha, banha, levedura de cerveja, sal.

Preparação:

Misture a farinha com a banha, o fermento dissolvido em água morna e uma pitada de sal.

Trabalhe a mistura até obter uma pasta homogênea e elástica.

Deixe descansar em um local fresco e seco por cerca de uma hora, depois abra com um rolo e faça losangos regulares.

Frite-os em banha abundante e escorra-os em papel absorvente.

Os nhoques quentes são frequentemente apreciados acompanhados de frios ou queijos.

As receitas que se seguem foram extraídas do livro *A Ciência na Cozinha e a Arte de Comer Bem*, de Pellegino Artusi, considerado o pai da culinária italiana por razões já expostas anteriormente. Artusi nasceu em Forlimpopoli, cidade da região da Emília Romagna (1820-1911), e foi escritor, gastrônomo e crítico literário. Com essa publicação ele foi o principal responsável pela difusão da culinária italiana para as Américas e para o mundo.

Costeletas[106] de vitela ao leite com trufas à bolonhesa

Corte a carne em pedaços finos e do tamanho da palma de uma mão. Bata-os e dê-lhes uma forma arredondada e elegante como, por exemplo, a forma do coração, ou seja, larga da cabeça e afilando no fundo. Em seguida, tempere-os com limão, pimenta, sal e um pouco de parmesão ralado. Depois de passar uma ou duas horas nessa infusão, passe-os no ovo batido e reserve pelo mesmo espaço de tempo. Em seguida, empane-os com farinha de rosca fina. Coloque-os para fritar na manteiga numa panela de cobre e, quando estiverem dourados de um lado, vire-os e sobre a parte cozida espalhe primeiro as fatias de trufas e por cima destas coloque fatias de queijo parmesão ou guyère cortadas o mais fino que puder. Feito isso, termine de cozinhá-los com fogo por baixo e por cima, acrescentando caldo ou molho de carne. Em seguida, retire-os uniformemente e disponha-os em uma bandeja com o molho ao redor, espremendo o caldo de um limão ou metade apenas se forem poucos.

106 As *cotolette*, ou costeletas em português, referem-se a uma fatia de carne com ou sem osso.

Da mesma forma, você pode cozinhar as costeletas de cordeiro depois de limpar o osso da costela raspando-o.

Escalope à bolonhesa

Este é um prato simples e saudável que pode ser servido no café da manhã ou no almoço em família.

Ingredientes:

300g de vitela magra sem osso, 300g de batatas, 80g de presunto gordo e magro em fatias finas, 70g de manteiga, 30g de parmesão ralado, pitada de noz-moscada.

Preparação:

Cozinhe as batatas, mas não demais, ou cozinhe-as no vapor, o que seria melhor, e depois corte-as em fatias o mais finas que puder. Corte o presunto em tiras finas com um dedo mindinho de largura. Pique a carne muito minuciosamente com uma faca afiada e tempere com sal, pimenta e um pouco de noz-moscada. Divida esta carne em doze partes para formar 12 escalopes e cozinhe-os sem dourar, com metade da referida manteiga. Pegue uma placa ou bandeja de metal, unte com a gordura que pode ter permanecido do cozimento e disponha quatro escalopes, cobrindo-os com a terça parte do presunto. Por cima coloque a terça parte das batatas, que deverão ser polvilhadas com queijo parmesão e com pedaços da manteiga restante. Repita a mesma operação três vezes e, por último, coloque a placa ou bandeja no fogo para aquecer e sirva. Isso é suficiente para quatro ou cinco pessoas.

ROMAGNA

O povo da Romagna sempre foi amante da cozinha, ainda que a comida desta zona dificilmente apareça nos antigos livros de receitas, salvo exceções como os *cappelletti*, provavelmente porque não houve cozinheiros das grandes famílias nobres. Eles foram substituídos pelo poder da Igreja.

Um emblema da Romagna, quase um símbolo agora conhecido por todo lado, é a *piadina*, que nesta terra não é apenas um alimento (com mais de mil quiosques espalhados ao longo da costa), mas é um verdadeiro fenômeno de costumes. A realidade geográfica e a história determinaram uma gastronomia que se pode dividir em três setores: o marinho, o do campo e o da carne. A gastronomia do setor marinho está ligada à pesca no Adriático, rico sobretudo em peixes azuis (grelhados ou fritos), e naqueles de costa rochosa, mexilhões, amêijoas e outros mariscos. Os vegetais distinguem-se na preparação de condimentos muitas vezes à base de chalotas, abobrinhas, cebolas, berinjelas, tomates e pimentões (com os quais se faz o purê característico). A opulência da carne tem origem na gastronomia que remonta ao domínio bizantino e aos senhorios, especialmente porco e boi (raça romagna), cozidos no forno com uso abundante de limão e alecrim.

A piadina[107] *tornou-se famosa, mesmo fora das fronteiras regionais, também graças aos quiosques que a ofereciam aos*

107 O nome *piadina* vem de *piada*, que é farinha misturada com água, sal e um pouco de banha, sem fermento, reduzida com um rolo de massa a uma forma redonda, fina e achatada, e cozida em terra refratária em brasa. A *piada* nada mais era do que um substituto do pão e era usada quando, na ausência de farinha de trigo, se utilizava ingredientes impróprios para a panificação: cereais inferiores como espelta, milheto, sorgo, centeio, cevada etc. Essa denominação aparece pela primeira vez em textos do século XIV.

turistas litorâneos como comida de rua cozida na hora e normalmente recheada com carnes curadas ou queijos. Seu preparo varia na composição e espessura da massa, dependendo das diferentes tradições da cidade.

Receita:

Misture a farinha, a banha (manteiga ou margarina) e um pouco de sal com uma colher de pau, acrescentando água até a mistura ficar macia e homogênea. Forme pães e abra-os com um rolo, alargando-os gradualmente até obter uma forma redonda e achatada. Existem vários utensílios de cozimento: a grelha, a lareira, o fogão e as lajes de pedra ou arenito colocadas em tripés sobre o fogo. Deve ser preparada e saboreada expressamente quente, recheada a gosto com queijos, carnes e ervas.

Capelletti

A forma do cappelletto, uma das massas recheadas mais famosas da Romagna, lembra um cocar alado usado pelos camponeses, um pouco desajeitado, com aba pequena e cúpula abundante.

O cappelletto "ideal", embalado em massa de espessura média, deve ter uma cabeça grande, para que a virtude do recheio não seja alterada, devendo ser cozido e servido em caldo de frango.

Esta massa típica da Romagna também se espalhou para o Marche (recheada com guisado de carne) e para a Umbria, conhecida como cappelletti di Gubbio (recheada com carnes magras variadas).

Receita:

Sopa de capeletti à moda da Romagna

Ingredientes:

Queijo tipo ricota, queijo curado, bacon, peito de capão, ovos, especiarias, gengibre, pimenta, sal, massa muito fina.

Preparação:

Cozinhe o peito de frango e pique finamente, adicione os queijos, os ovos, as especiarias, um pouco de gengibre, sal e misture bem.

Corte discos finos de massa, recheie e feche a mistura para que cada cappelletto não seja maior que meia castanha.

Cozinhe os cappelletti em caldo de frango, amarelado com a adição de açafrão, e sirva o prato polvilhado com especiarias e queijo ralado.

Na Idade Média esse tipo de massa recheada também era elaborado com peito de pombo, faisão e outras aves.

A Itália Pontifícia

A Itália Pontifícia, como classificou Scappi ainda no século XVI para designar o conjunto de regiões que se localizam no centro da Itália, apresenta uma significativa homogeneidade em sua gastronomia, talvez em função da forte polarização exercida pela cidade de Roma, cuja cozinha é responsável pela transmissão de todas as especialidades das tradições culinárias de sua área de abrangência. As regiões são bastante próximas umas das outras, o que facilita as transações inter-regionais e às vezes dificultam a identificação da verdadeira origem dos pratos. Contudo, cada região desenvolveu uma personalidade culinária própria, em especial quanto ao preparo de produtos oriundos da pesca, devido às diferenças entre os tipos de peixe dos mares Tirreno e Adriático.

A Itália Pontifícia é formada pelas regiões do Marche, Toscana, Úmbria, Lácio, Abruzzo e Sardenha[108].

MARCHE

Do ponto de vista gastronômico, mas também do ponto de vista artístico e cultural, a região do Marche nunca deixa de surpreender. Em cada recanto da região há uma pequena surpresa: um soberbo castelo, uma pitoresca aldeia no cimo de uma montanha, uma cidade cheia de encantos e preciosas obras de arte ou, mais prosaicamente, vinhos e azeites excepcionais, charcutaria únicos no seu gênero (como o característico salame *ciauscolo*, massas de trigo duro que nada a devem às do sul e muitas especialidades culinárias perfumadas com um sabor antigo).

Localizada no centro da península, a região identifica-se com o antigo território Piceno (séculos IX ao IV a.C.), apresentando ainda hoje uma pluralidade de dialetos, costumes e folclore. Os usos gastronômicos do norte da região estão intimamente relacionados aos da vizinha Romagna (sopas), assim como os pratos do sul são amplamente influenciados pelos do Abruzzo. Existem duas vertentes da

108 A Sardenha é uma região muito diferenciada, tanto pela localização geográfica quanto pelas influências exercidas pelas diversas invasões. Scappi, em sua regionalização, a inclui no grupo de regiões que ele designa como pertencentes ao "Reino". Aqui será considerada no grupo de regiões da Itália Pontifícia, por sua localização geográfica no mar Tirreno e próxima às regiões da Itália Central.

gastronomia local que correspondem às características geográficas da região: a do sertão e a do mar.

O aspecto camponês da cozinha do Marche é dominado pelos cogumelos, o uso de azeitonas e trufas. Este último é o condimento sublime do *taglierini* (tipo de *tagliatelli* muito estreito), que hoje garante um importante recurso complementar à economia rural.

A gastronomia regional, que tem seu verdadeiro sabor no campo dos recheados, tem um dos produtos mais representativos nas azeitonas de *ascolana*, cujo cultivo já era apreciado pelos romanos. Desta produção deriva o prato mais representativo da gastronomia de Marche: azeitonas à ascolana.

Azeitonas à ascolana

Ingredientes para o recheio:

Azeitonas, 50g de polpa de carne, 50g de polpa de porco, 50g de frango moído, migalhas de pão, noz-moscada, 1/2 cebola, sal, pimenta, queijo parmesão ralado, casca de limão, 1 cenoura, 1 talo de aipo, 1/2 copo de vinho branco, 1 ovo.

Ingredientes para empanar:

1 ovo, farinha de rosca, farinha de trigo e óleo de fritura.

Preparação:

Pique os legumes e doure-os com um pouco de azeite extravirgem, junte os três tipos de carne e cozinhe lentamente em fogo brando, misturando com o vinho branco. Adicione sal e pimenta. Lave as azeitonas em água corrente, assim elas perderão o excesso de sal.

Descaroçar todas as azeitonas com a ferramenta apropriada, de modo a deixá-las inteiras. Com uma faca de cozinha de lâmina lisa, corte a azeitona em espiral sem quebrá-la a partir do talo.

Quando a mistura de carne estiver cozida e morna, misture-a na batedeira e adicione a noz-moscada, as raspas de limão, o parmesão e os ovos. Em seguida, forme bolinhas do tamanho de avelãs. Coloque o recheio dentro de cada azeitona e feche-as.

Empane as azeitonas passando-as primeiro na farinha, depois no ovo e por último na farinha de rosca. Frite as azeitonas em uma panela até ficarem crocantes e coloque-as aos poucos em um prato com papel de cozinha, para privá-las do excesso de óleo.

Os pratos principais do sertão são à base de carne de porco, entre os quais a muito saborosa *porchetta* e o *cotechino.*

Na costa do Marche, por outro lado, você pode saborear uma grande quantidade de produtos de peixe. O prato simbólico é a sopa de peixe, interpretada de forma diferente em cada porto, desde o vermelho (tomate) de Pescara ao amarelo (açafrão) de Ascoli. Em uso entre o rio Conca (fronteira da Romagna) e o Tronto (antes dos Abruzzos) existe um *potacchio*, derivado do francês *potage*, que nesta área não designa uma sopa, mas um molho restrito casado com bacalhau, galinha ou coelho.

O prato unificador da região é o *vincisgrassi.*

Os Vincisgrassi são um tipo muito particular de lasanha aromatizada com um molho rico que lhe confere um sabor inconfundível. As lasanhas bolonhesas diferem dos vincisgrassi, pelo menos em comparação com as preparadas segundo a receita original.

Receita:

Ingredientes:

Farinha, ovos, molho bechamel, parmesão, bacon, presunto, cebola, alho, aipo, cenoura, vinho branco, miúdos de frango, purê de tomate, sal e pimenta.

Preparação:

Ragu

Doure o bacon picado e o presunto gordo na panela. Em seguida, adicione cebola picada, alho, aipo, cenoura, que deve murchar lentamente com a adição de pequenas gotas de vinho branco seco. Adicione os miúdos de frango, o purê de tomate, o sal, a pimenta e deixe o molho ferver pelo menos por duas horas.

Massa

Faça uma folha fina com farinha e ovos. Corte lasanhas grandes do tamanho da palma da mão, ferva-as um pouco de cada vez em bastante água salgada e, na metade do cozimento, escorra-as, passe-as em água fria e coloque-as para secar em um pano.

Conjunto

Em um refratário embebido no molho, coloque uma camada de macarrão alternando com uma camada de molho polvilhado com parmesão. Repita toda a operação várias vezes, fechando com uma última camada de ragu abundante. Cubra o prato com um bechamel de sabor muito fino.

Recomenda-se preparar os vincisgrassi na panela com bastante antecedência, para que todos os sabores se misturem bem.

Para completar a realização e gratinar a receita, leve a assadeira ao forno médio por quarenta e cinco minutos.

TOSCANA

Polarizada pela cidade de Florença, na região da Toscana se encontra uma cozinha despojada, nascida da herança etrusca e enriquecida no imaginário culinário da família Médici. "Uma cozinha pobre que cabe na mesa de um rei", teria exclamado um eminente estadista acompanhando Vittorio Emanuele II, descrevendo a descoberta desta gastronomia que teve como cenário a lareira crepitante com assados perfumados.

Até final do século XIV, era uma cozinha à base de molhos e especiarias, ideal para satisfazer a folia de guerreiros e senhores. No século XV, época do Magnífico[109], o gosto gastronômico aos poucos começou a se modificar graças às receitas que se espalharam também na França, no século XVI, com Caterina de Médici. Mas foi a partir da Revolução Francesa, com o surgimento das classes burguesas, que a culinária toscana se enraizou no campo, gerando receitas simples, intimamente ligadas aos produtos sazonais e enriquecidas com sobriedade.

Muito presente nas receitas toscanas estão os legumes, castanhas, espelta, feijão e caças, mas o alimento que mais identifica essa terra é, sem dúvida, o pão, que na Toscana não tem gosto, ou seja, não tem sal, e por isso vai bem com os ingredientes das mais variadas receitas,

109 Lourenço de Médici, o Magnífico, foi um estadista italiano, soberano *de facto* da República Florentina durante o Renascimento.

desde aperitivos até sobremesas. Nessa região, o pão até substituiu a massa com exceção da *pici*, um espaguete grosso, feito em casa, originário de Arezzo e de Siena.

Vale destacar o papel dos queijos pecorinos e preparações à base de carne de porco e azeite, utilizados em pratos típicos de forma diferenciada em cada cidade da área. Cada receita toscana, mesmo que composta por poucos ingredientes, é enriquecida com o uso de alho e cebola combinados com alecrim, sálvia, manjericão, louro, salsa, noz-moscada, coentro, cravo, canela e pimenta. É assim que nascem o *cibreo* (miúdos de frango), a *scottiglia* (carnes mistas úmidas) e a *panzanella*.

Panzanella do camponês

Muitos atribuem o nascimento deste humilde e simples prato ao costume camponês de molhar o pão velho seco para misturá-lo com os vegetais disponíveis na horta.

A preparação desta receita varia de região para região, de local para local e até de família para família. Muitos a preparam usando atum e ovo.

Receita:

Ingredientes:

Pão dormido, tomate, pepino, cebola, aipo (opcional), manjericão, azeite, vinagre, sal e pimenta.

Preparação:

Parta o pão e deixe-o de molho em água e vinagre. Enquanto isso, corte os tomates maduros em pedaços, corte o pepino e o aipo, se desejar, e a cebola em rodelas. Quando o pão estiver macio, esprema-o bem e esfarele-o em uma tigela grande deixando alguns pedaços inteiros que darão consistência agradável ao prato acabado.

Junte todos os legumes previamente cortados, as folhas de manjericão picadas e tempere com um bom azeite extravirgem, vinagre, sal e pimenta.

Se você quiser, pode experimentar a variante mais doce usando vinagre balsâmico.

Examinando a gastronomia das cidades toscanas, se descobre que Florença é muito famosa pelo bife *chianina*[110] ou bisteca à florentina, a *schiacciata* (um tipo de *focaccia* doce com uvas negras) e o *lampredotto.*

Lampredotto

Mais amado que as rimas de Dante e tão antigo quanto o Palazzo Vecchio, o lampredotto (uma tripa, um dos quatro estômagos do boi) é um prato que os florentinos consomem e apreciam. "Para os florentinos é uma instituição, uma lenda gastronômica, um ritual popular itinerante e presente nas ruas, sob a sombra nobre dos palácios do século XVI. Lampredotto é uma comida de rua que nasce entre a praça e pedras brilhantes no coração da cidade"[111].

110 Chianina é uma das mais antigas raças bovinas da Itália e deve seu nome à sua zona de criação, o Vale de Chiana, entre Arezzo e Siena.

111 Disponível em: https://www.taccuinigastrosofici.it/.

Hoje, em pequenos quiosques sobre quatro rodas em exposição entre legumes frescos, limões e salada, os vendedores oferecem o lampredotto. Do outro lado do balcão, estão fervendo duas panelas cheias de caldo, nas quais cozinham, junto com tomates, cenouras, salsa, cebola e batatas, grandes pedaços de lampredotto, destinados a um final glorioso: recheio suculento para sanduíches crocantes.

A história nos ajuda a entender a razão desse amor totalmente florentino pelo lampredotto. No século XV, a poucos passos do Arno, as vísceras eram cozidas e vendidas por alguns centavos. Naqueles dias de fome, as tripas e o lampredotto representavam uma resposta concreta aos roncos do estômago. Proteínas baratas que a população ao longo dos séculos tornou mais palatável e saborosa, desenvolvendo receitas imaginativas.

A *ribollita* é um dos pratos mais célebres da tradição gastronômica toscana e lembra uma sopa de verduras. Na Toscana, cada cidade tem sua variante da *ribollita*, mas para ter esse nome deve conter, obrigatoriamente, feijão e dois tipos de repolho: o roxo e o *verza*[112]. Abaixo tem-se a versão florentina.

Ribollita

Ingredientes:

400g de feijão canelone seco, 300g de pão toscano amanhecido, 1 maço de repolho roxo, 1/4 de repolho verza, 1 maço de acelga, 2 batatas pequenas, 3 tomates pelados, 1 cebola grande, 2 cenouras, 1 talo de aipo, alecrim fresco, tomilho fresco, cerca de 2 litros de caldo de legumes ou água quente, azeite extravirgem, sal e pimenta (opcional).

112 Variedade hortícola de repolho (*Brassica oleracea*, variedade savoy) com folhas rugosas e bolhosas.

Preparação:

Deixe o feijão de molho pelo menos 12 horas antes de prosseguir com o preparo.

Assim que o feijão estiver amolecido, escorra e ferva-o em bastante água e alecrim.

Escorra novamente o feijão, guardando a água do cozimento e divida-o ao meio. Uma parte os mantém inteiros, a outra parte bata no liquidificador, reserve. Se quiser, prepare um caldo de legumes para adicionar à água do feijão.

Pique a cebola, corte em pedaços muito pequenos a cenoura e o aipo, frite em uma panela grande com 3-4 colheres de sopa de azeite por 1 minuto, adicione as batatas cortadas em pedaços pequenos e o tomilho fresco amarrado.

Deixe dourar por 1 minuto, adicione os tomates pelados e doure-os por alguns segundos.

Por fim, adicione o repolho roxo limpo, lavado e picado, junto com a acelga limpa e cortada e a terza cortada em rodelas.

Juntar a água do feijão, tapar e deixar cozinhar em fogo baixo por cerca de 2 horas, acrescentando de vez em quando mais água quente do feijão ou o caldo de legumes quente.

Depois de decorrido o tempo indicado e a sopa adquirir um aspecto cozido, os legumes picados terão amolecido. Adicione o creme de feijão.

Cozinhe por mais 30 minutos. Adicione o feijão inteiro, cubra com o caldo quente e cozinhe em fogo baixo por 30 minutos. Acrescente o sal.

Adicione as fatias de pão amanhecido no fundo de uma panela e algumas conchas de sopa por cima.

Repita a operação adicionando uma camada de pão e uma de sopa até encher a panela. Feche com um filme plástico e deixe a ribollita descansar (no mínimo 3 horas ou até o dia seguinte).

Adicione algumas conchas de caldo, um fio de azeite e cozinhe novamente em fogo baixo na panela por cerca de 15 a 20 minutos, desde que aqueça o suficiente! Adicione mais sal e pimenta se necessário!

A cidade de Pistoia deve ser lembrada pela sopa de miúdos do "prisioneiro" Lucca, pelo *buccellato* (doce); Livorno se destaca com *cacciucco* (sopa de peixe de várias qualidades cozida num refogado de cebola, alho, aipo e cenoura, à qual se juntam tomate, pimentão e vinho tinto) e bacalhau; enquanto em Pisa predominam as trufas e o *stoccafisso* (bacalhau, ou peixe semelhante, partido e seco ao ar livre, sem sal). Na Maremma, o símbolo é a famosa *aquacota*, um prato único, criado para alimentar carvoeiros, pastores e lenhadores e depois enriquecido para se tornar uma sopa saborosa.

Água cozida

Nascida como uma sopa pobre, é um prato de reforço para trabalhadores de serviços pesados. A água cozida é uma receita que tem as suas origens na terra e no esforço do homem. Sim, isso mesmo, porque antigamente era difícil, a comida era escassa e às vezes até faltava por completo! Na prática, a água cozida era um prato quase improvisado, pensado como um presente do "destino" em relação aos ingredientes coletados na mata.

Ingredientes para 2 pessoas:

2 ovos, pão amanhecido, 2 talos de aipo, 1 cenoura, 1/2 alho, 1/2 cebola, 1 tomate pelado, azeite, caldo de legumes, sal e pimenta.

Preparação:

Pique finamente o aipo, a cenoura, o alho-poró e a cebola.

Coloque um pouco de óleo em uma panela e adicione o aipo, a cenoura, o alho-poró e a cebola. Deixe fritar e acrescente o tomate picado.

Deixe ganhar sabor, adicione o caldo de legumes, sal e pimenta.

No final, parta os ovos e deixe-os cozinhar. Acompanhe a sopa com fatias de pão amanhecido.

Leonardo da Vinci organiza banquetes extraordinários

"Ele era tão agradável na conversa que atraía as almas das pessoas para si." É assim que Vasari[113] descreve em *As Vidas* Leonardo da Vinci, o verdadeiramente admirável pintor, escultor, teórico da arte, músico, escritor, engenheiro mecânico, arquiteto, cenógrafo, mestre de fundição, especialista em artilharia, inventor, cientista.

Ele nasceu em 1452, filho do tabelião Piero e Caterina, uma jovem camponesa a serviço da família. Criado exclusivamente por seu pai no interior de Vinci, em seus primeiros quinze anos ele foi livre para observar a beleza da paisagem e admirar o trabalho dos camponeses, nos quais mais tarde se inspirou para projetar máquinas agrícolas, trituradores mecânicos e arados

Sua vida mudou em 1469 ou 1470, quando seu pai, que desempenhou um papel importante no círculo da família Médici, o

113 Giorgio Vasari (Arezzo, 30/7/511–Florença, 27/6/1574) foi um pintor e arquiteto italiano conhecido principalmente por suas biografias.

enviou a Florença para trabalhar com Verrocchio[114]. Leonardo, atraído pela beleza de uma cidade repleta de obras de arte, interessou-se pelas muitas técnicas que eram experimentadas nas "oficinas", desenvolvendo um talento artístico muito especial. Desde então e por muitos anos, graças à curiosidade inextinguível de estudar, experimentar, projetar máquinas, ele expressou sua genialidade não apenas em Florença, mas também em Milão, Roma e França.

As várias cortes que o acolheram não só o fizeram realizar grandes obras como exploraram seus conhecimentos para criar máquinas que se tornavam triunfos decorativos em banquetes suntuosos.

Graças aos escritos deixados no *Codex Atlanticus*[115], pode-se deduzir que Leonardo conhecia e experimentou ervas ou especiarias, incluindo açafrão, aloé, flores de papoula, centáureas, óleo de semente de mostarda e óleo de linhaça. Nos últimos anos de sua vida, o gênio também assinou um drink inédito.

No histórico gastronômico da época existe um episódio que o tem como protagonista. Durante sua juventude, Leonardo teria fundado, com seu amigo Botticelli[116], Le Tre Rane, uma taberna perto da Ponte Vecchio, onde parece ter experimentado algumas das ideias que encontramos em seus desenhos, como uma ferramenta para moer alimentos e uma engenhoca para automatizar os assados no espeto. Esta utilíssima invenção de Leonardo é sugerida por ele na preparação de uma perna de cordeiro, embora se saiba que o grande artista preferia comida vegetariana.

114 Andrea di Cione, conhecido como Verrocchio (olho verdadeiro). Escultor, seu ateliê estava no centro das correntes intelectuais de Florença.

115 *Codex Atlanticus* é uma coleção de documentos de Leonardo da Vinci, constituída por doze volumes. Uma combinação de 1.119 páginas que datam de 1478-1519, com conteúdos que abrangem uma grande variedade de assuntos, desde estudos que envolvem admiráveis desenhos feitos por Leonardo da Vinci sobre temas que incluem a anatomia, astronomia, botânica, química, geogafia, matemática, mecânica, projetos tecnológicos, estudos sobre o voo, assim como projetos arquitetônicos.

116 Alessandro di Mariano di Vanni Filipepi ou Sandro Botticelli (Florença, 1°/3/1445 – 17/5/1510), foi um grande pintor italiano.

Perna de cordeiro cozida na máquina de Leonardo

Pegue uma perna ou um quarto de cordeiro, faça alguns furos e tempere com sal, pimenta, azeite, vinagre e deixe nesta marinada por várias horas.

Enfie o espeto na perna do cordeiro e deixe dourar. Para manter a carne macia, polvilhe-a com o líquido da marinada e com um raminho de alecrim.

Se você gosta do cheiro de alecrim mais pronunciado, faça furos na carne e introduza alguns tufos da erva, tomando o cuidado de retirá-los antes de enviá-la para a mesa.

Outra invenção do artista ligada à culinária, ainda que indiretamente, apareceu em 1491 e diz respeito ao aparecimento do guardanapo como se conhece hoje.

De acordo com Laura Parigi,[117]

> ... o inventor Leonardo da Vinci, então mestre de cerimônias dos Sforza, não suportando a desordem e a falta de higiene, principalmente na mesa de aristocratas e nobres, que comiam de maneira indecorosa e incivilizada, propôs uma solução interessante: para cada comensal, uma pequena toalha de mesa sobre a toalha de mesa. Ele teria experimentado uma nova abordagem de comportamento que seria adequada para um príncipe e seus convidados, desejando assim dar um aspecto digno e preciso aos banquetes da corte. Sua "maquiagem" o enchia de orgulho e

117 Estudante de Ciências da Alimentação e Gastronomia da Universidade San Raffaele de Roma, *apud* https://www.taccuinigastrosofici.it/.

otimismo, ao mesmo tempo (...) surgiram, assim, situações inusitadas, pois ninguém sabia usar o guardanapo, que todos transformavam em objeto de brincadeira e zombaria. Como usar? No pescoço, como na época romana, como um babador, no antebraço, em um ombro, nas pernas, na mesa? A novidade foi recebida não exatamente de forma positiva e compreendida, foi incompreendida e desprezada pela maioria. A toalha de mesa, no final da refeição farta, estava destinada a permanecer, como sempre, manchada e muito "colorida". Leonardo não desistiu, firmemente convencido da importância de sua brilhante ideia, ainda que não tenha conseguido atingir a meta estabelecida devido aos hábitos arraigados e à falta de vontade de mudar. O famoso *Codex Atlanticus*, que contem inúmeros desenhos esquemáticos do artista sugerindo como dobrar o guardanapo de forma artesanal e criativa, é um claro exemplo do brilhante e agudo pensamento de Leonardo, combinado com a invenção original de "máquinas" rotativas para secar, após a lavagem, o guardanapo, posteriormente realizado e concebido da maneira atual ainda no século XVIII.

ÚMBRIA

A região da Úmbria é o berço de São Francisco, São Benedito, Santa Clara e Santa Rita, algumas das figuras imortais nascidas nessa região que centrou a sua cozinha nas tradições e no calendário monástico, pois, a partir do século XII, o surgimento de comunas livres[118] levou

118 Nesse período, no centro-norte do território italiano, as cidades crescem, e nasce uma burguesia de produtores e comerciantes que se aliam aos proprietários de terras, criando as comunas livres. As cidades cercam-se de muros para se defenderem das comunas vizinhas e, lentamente, emer-

a igreja a favorecer o nascimento de mosteiros, abadias e ordens religiosas em toda a área. Dessa forma, por toda a Idade Média os acontecimentos desta terra estavam cada vez mais ligados à corte papal.

Na região, a criação de porcos e ovelhas possui tradições antigas. Norcia é famosa pela criação de porcos desde os tempos romanos, e ainda hoje o termo *norcino* é usado na Itália para indicar aquele que conhece a arte do abate e processamento de carne suína responsável pela produção dos inconfundíveis presuntos, lombos, embutidos, tripas e a *porchetta* (leitão ou porco adulto desossado, sem vísceras, recheado com ervas aromáticas e cozido inteiro no forno ou no espeto: prato rústico típico da cozinha toscana, da Úmbria e do Lácio).

Por sua vez, os cordeiros da cidade de São Benedito e os cabritos de Cássia são muito apreciados, enquanto a produção de queijos é significativa, incluindo o queijo de leite de ovelha ou vaca com adição de trufa branca.

Os úmbrios há tempos cultivavam o gosto por pratos com sabor selvagem, o que pode ser comprovado pelas pinturas dos túmulos etruscos que mostram o costume da caça e as façanhas dos senhores medievais que caçavam com falcões. Além da culinária da terra e do ar, há a da água, gerada pelos inúmeros rios e pelos lagos Trasimeno e Piediluco. Enguias, carpas e em especial as trutas adquirem novo

gem algumas comunas que se tornam hegemônicas após muitas lutas. A mais épica de todas é a que se estabeleceu entre Florença e Siena. A autonomia política e atividade artística das comunas só pode ser comparada às *polis* gregas do período de ouro. Contudo, pouco a pouco a igreja vai perdendo o poder sobre a burguesia das comunas, que vão se transformando em comunidades laicas que se tornam objeto de disputa entre os imperadores do Sacro Império Romano e a igreja.

sabor e valor no casamento gastronômico com a trufa negra. Esta, conhecida como "diamante da cozinha", com produção significativa em Norcia e Spoleto, representa uma riqueza econômica considerável para essas localidades. A trufa negra, ou *tuber melanosporum*, rainha da culinária da Úmbria tanto quanto o *scorzone* (trufa de verão, menos perfumada), está incluída em receitas de todos os tipos, de aperitivos a sobremesas.

Strangozzi[119] *com trufas*

Ingredientes:

Farinha, azeite extravirgem, alho, trufa negra e sal.

Preparação:

Coloque a farinha, o sal, um pouco de óleo e água morna. Amasse até obter uma massa bastante consistente. Abra a massa um pouco mais grossa que o fettuccine e corte em tiras largas.

Prepare o molho dourando o alho picado no azeite. Retire o alho da panela, deixe o líquido esfriar e adicione a trufa preta picada com um pouco de sal. Tempere a massa com este molho depois de cozida.

São Francisco e o mostaccioli

Francisco nasceu em Assis no inverno de 1182 em uma das famílias mais ricas da cidade. Sua infância transcorreu tranquilamente, e ele pôde estudar latim, vernáculo, provençal e música;

119 *Strangozzi* ou *stringozzi*, uma forma de massa longa típica da tradição camponesa de Spoleto e Foligno. Também conhecida como *strozzapreti* ou *strangolapreti*, e assim chamado por causa da semelhança com os cadarços dos sapatos com que os desordeiros anticlericais estrangulavam, na época do domínio do Estado Pontifício, os eclesiásticos de passagem.

suas notas, junto com seus poemas, sempre foram apreciadas nas festas da cidade. Seu pai, comerciante de especiarias e tecidos, ansioso por envolvê-lo nos negócios da família, o educou para esta arte. Mas o episódio que começou a transformar a vida de Francisco aconteceu com ele aos vinte anos, quando foi capturado enquanto participava da guerra entre Assis e Perúgia.

O aprisionamento e as dificuldades moldaram sua alma e, quanto mais seu corpo se debilitava, mais um sentimento de caridade e bem para com os outros começava a tomar conta de si. O patrimônio espiritual que o "frade" deixou para iluminar o caminho de muitos é enorme.

Conta-se que Jacopa de 'Settesoli, uma nobre romana, nascida na Cidade Eterna em 1190 no seio de uma ilustre família, residente em Trastevere, casou-se com um homem rico de Roma, um certo Gaziano Frangipane, e com ele teve dois filhos. Viúva aos 27 anos, ela foi forçada a se tornar gerente das muitas propriedades de seu marido. Dois anos depois, em 1219, São Francisco chegou a Roma para pregar, e Donna Jacopa o encontrou, tornando-se desde então sua fiel seguidora e sua excelente guia pelas ruas de Roma. Desde então, Jacopa de 'Settesoli tornou-se a principal colaboradora do nascente movimento franciscano na cidade dos Papas. Jacopa de 'Settesoli era tão ativa e resoluta que Francisco a chamava carinhosamente de Frata Jacopa. Sua amizade durou até a morte do santo, que ocorreu na noite entre 3 e 4 de outubro de 1226.

Foi durante sua primeira estada em Roma que Francisco provou o que se tornaria seu eterno "pecado da gula": certos biscoitos "bons e perfumados", disse o santo, que a própria Jacopa de 'Settesoli preparou e lhe ofereceu um dia em sua casa. Típicos da época da colheita, eram feitos com massa de pão, mel, amêndoas e mosto de uva, chamado *mostaccioli*.

Em todo caso, seja qual for a origem do nome, aqueles *mostaccioli* de Frata Jacopa de 'Settesoli agradaram tanto a São Francisco que ele os desejou mesmo em seu leito de morte! Quando Francisco sentiu que sua última hora se aproximava, quis ditar uma carta à sua querida amiga Frata Jacopa, informando-a de sua morte iminente e pedindo-lhe que se juntasse a ele na porciúncula, trazendo-lhe um manto para o enterro, velas para o funeral e... doces:

À Donna *Jacopa, serva do Altíssimo, Irmão Francisco, pobre homem de Cristo, deseja saúde no Senhor e comunhão no Espírito Santo. Saiba, querida, que o bendito Senhor me deu a graça de me revelar que o fim da minha vida está próximo. Portanto, se você quer me encontrar ainda vivo, assim que receber esta carta, apresse-se e venha para Santa Maria degli Angeli. Porque se você vier mais tarde no sábado, não poderá me ver vivo. E traga com você um pano cinza para embrulhar meu corpo e as velas funerárias. Por favor, traga-me também esses doces, que você costumava me dar quando eu estava doente em Roma.*

Mostaccioli de São Francisco

Ingredientes:

200g de farinha, 200g de amêndoas descascadas, 150g de mel, 2 claras de ovo, 1 laranja, mosto de uva cozido, 1 noz de manteiga, 1 pitada de fermento em pó, pimenta preta, canela, sal.

Preparação:

Misture o mel com as amêndoas picadas, a casca de laranja ralada, a manteiga e meia colher de chá de canela e pimenta. Em seguida, misture a farinha, o sal, o fermento e o mosto de uva para obter uma mistura consistente. Abra a massa com um rolo, não muito grosso, e corte-a em losangos. Disponha os doces em um prato untado com óleo e leve ao forno quente por 15 minutos. Sirva frio, coberto com mel ou mosto.

Tendo perdido as glórias da Roma Antiga, onde era possível comer qualquer iguaria do mundo civilizado[120], a cozinha da região do Lácio em grande parte perdeu o seu viés aristocrático. Três são os principais componentes populares que prevaleceram solidamente na gastronomia romana: a cozinha judaica, a burina e a *macellara* ou cozinha de açougue.

A cozinha judaica, engenhosa e culta, é a responsável por pratos famosos como os à base de alcachofras e anchovas. As alcachofras são presença constante nas mesas italianas na época da Páscoa, mas também em outras ocasiões, e é uma excelente entrada ou guarnição para pratos de carne ou peixe. É também muito utilizada em risotos e pratos de massa. Mas de onde vem o nome dessa flor tão particular?

Elisabetta Vani (2016)[121] esclarece que

> ... a mitologia grega nos conta a estória de Cynara, uma be-

120 Já na época de Júlio César, havia sido construído o primeiro mercado romano de especialidades gastronômicas, que se apresentava como um grande edifício de formato quadrado. A oferta de hortaliças era abundante. Um cronista da época descreve o mercado da seguinte forma: "38 qualidades de peras e 23 de maçãs poderiam ser encontradas. Bem encostadas umas nas outras estavam as bancas dos horticultores, que, aos gritos, ostentavam a qualidade de seus produtos. Pimenta, cardamomo e valeriana da Índia, cominho da Etiópia, gengibre da Arábia. Os pássaros eram pendurados em cadarços assim como os peixes secos. Ao lado havia barris com sal e outros com ostras vivas. Vigia o clichê de que um alimento deve ser mais saboroso quanto mais exótico for o país de origem. Os nobres romanos gostavam tanto da vida em busca de prazeres que viam no luxo da mesa um dos maiores valores da vida".

121 VANNI, Elizabetta. *Curiosità, leggende e aneddoti in cucina. Ricette italiane*, 2016.

líssima ninfa, alta e magra, com os olhos de uma tonalidade entre o verde e o violeta e os cabelos louros acinzentados. Quando a viu, Zeus se apaixonou e, como sempre fazia, começou a cortejá-la. A ninfa, entretanto, embora tivesse um coração doce e terno, era também muito segura de sua beleza e, mostrando-se orgulhosa, não cedeu às insistentes lisonjas do rei dos reis, o qual se enfureceu e para puni-la a transformou em uma alcachofra.

Curiosidade

O grande artista Caravaggio, cujo nome verdadeiro era Michelangelo Merisi, foi o pintor mais original do século XVII, graças à sua forma de usar temas leves e "reais".

Lombardo de nascimento, com cerca de vinte anos desembarcou em Roma onde, graças a seu tio sacerdote, foi acolhido por um monsenhor. Na Cúria viveu miseravelmente e como refeição diária só recebia uma salada, que lhe servia "... de entrada, primeiro prato, segundo prato e sobremesa".

Posteriormente, um importante benfeitor do estômago do artista foi um estalajadeiro na Praça Navona que lhe dava comida em troca das pinturas encomendadas.

O *Menino que limpa a pera* e o *Menino com um cesto de frutas* são dessa época, imagens provavelmente captadas no fundo da taberna.

Caravaggio, com um caráter sensível e briguento, levou uma vida muito agitada e violenta, chegando a matar um homem pela falta sofrida durante um jogo de bola.

Entre as histórias das quais ele é protagonista, relatamos a seguir a do confronto que teria tido com um menino da Osteria del Moro, romana.

Caravaggio entra na osteria. Como de costume, ele carrega uma espada larga e parece ousado.

Ele se senta e pede um prato de alcachofras.

O menino leva as alcachofras ao pintor: umas são cozidas no azeite, outras na manteiga.

Mas quais são umas e quais são as outras?

Caravaggio pede esclarecimentos, mas o menino apressado sugere:

"Basta cheirar para reconhecê-las!"

Abra o céu! O artista, irritado com a resposta, joga prato e alcachofra no rosto do menino. Então, não contente por ter ferido o pobre sujeito, ele o persegue com sua espada desembainhada pela taberna.

Embora originárias do Lácio, as alcachofras podem ser encontradas em praticamente todas as mesas da Itália, porque sua fama vai muito além das fronteiras de Roma, também graças a uma receita muito apreciada:

Alcachofras à romana

Ingredientes:

6 peças de alcachofra, hortelã a gosto, sal a gosto, pimenta preta em pó, ½ copo de azeite extravirgem, ½ copo de vinho branco e 2 dentes de alho.

Preparação:

Limpe as alcachofras, deixando-as inteiras e guardando o caule. Espalhe as folhas para criar algum espaço entre elas e adicione uma mistura de pão ralado, sal, alho, hortelã e pimenta. Depois de preencher as ranhuras, coloque as alcachofras na panela de cabeça para baixo e adicione 3 conchas de água quente, meio copo de azeite de oliva e meio copo de vinho branco (se a panela tiver um diâmetro muito grande, adicione mais água, azeite e vinho nas mesmas proporções: o líquido deve ultrapassar a metade da alcachofra e chegar aproximadamente à base do caule). Cozinhe em fogo baixo por 40 minutos mantendo a panela tampada. Se o líquido secar e as alcachofras ainda não estiverem cozidas, adicione mais água, azeite e vinho.

Os sabores romanos vêm da cultura dos arredores: entre os vegetais predominam as verduras, enquanto nas sobremesas a ricota ganha destaque, como no famoso *budino* (pudim). Para os peixes destacam-se as famosas enguias do Lago Bolsena, muito apreciadas também pelos Papas, e os *mazzancolle* da zona de Gaeta que no dialeto da região indicam "camarões apanhados no verão".

Receitas da antiga gastronomia romana também podem ser encontradas na literatura histórica. O Mestre Martino (século XV) apresenta uma receita que pode fazer lembrar o famoso *saltimbocca*, de tradição ancestral, e Messisbugo (século XVI) propõe fazer dez pratos de macarrão romano e *cavoli alla romanesca* (repolho feito com banha e caldo gorduroso).

Saltimbocca à romana (Pellegino Artusi)

Eu os comi em Roma, no restaurante Le Venete, e por isso posso descrevê-los exatamente. São costeletas (sem os ossos) de vitela de leite, levemente temperadas com sal e pimenta, sobre cada uma das quais se coloca meia folha de sálvia (uma inteira seria demais) e sobre a sálvia uma fatia de presunto gordo e magro. Para manter essas três coisas juntas, eles espetam um palito e cozinham com manteiga à moda "sauté", controlando o tempo de cozimento para que o presunto não endureça. Como você pode ver, é um prato simples e saudável.

As costeletas devem ter a grossura de ½ dedo e antes de prepará-la molhe-as e alise-as.

Podem ser servidas com qualquer acompanhamento.

A costa romana é um trecho ainda rico em pescadores que praticam a pequena pesca costeira. Desde os tempos romanos nesta área, pela qualidade e finura da areia, a pesca de mexilhões, moluscos habitualmente encontrados em todas as costas italianas com fundos arenosos, foi particularmente conhecida e abundante.

O valor atribuído aos mexilhões da costa romana pode ser encontrado na tradição oral das pequenas cidades costeiras cujos restaurantes tornaram-no um símbolo em função do prato mais famoso da região: a *bruschetta* com mexilhão.

Em segundo lugar, tem-se a cozinha burina, originária da região do Abruzzo, que, entre outras coisas, popularizou as massas a *amatriciana* e à *carbonara*. A tradição do Lácio na produção de massas remonta aos etruscos com o *tonarelli*, semelhante ao *pici* toscano, enquanto massas com grão-de-bico e feijões são herdadas do classicismo romano.

Nessa área a influência do campo é forte como, por exemplo, o *frascarelli*, macarrão esfarelado em pedaços pequenos usado para sopas ou servido seco, tradicionalmente considerado adequado para novas mães. De Ciociaria vêm as infinitas variedades de *fettuccine*.

Quanto aos condimentos (temperos e molhos) que as massas recebem no Lácio, é impossível traçar um panorama exaustivo. Além da amatriciana e carbonara, ressalte-se a *pagliata* (miúdos), a *gricia* (antecessora da amatriciana), o famoso "alho e óleo" e o *cacio e pepe* ou "queijo e pimenta".

Fettuccine à romana

Ingredientes para 4 pessoas:

Para a massa: 400g de farinha, 4 ovos e sal.

Para o molho: 1 xícara de puré de tomates, 200g de miúdos de frango, 1/4 de cebola, 1 dente de alho, 40g de presunto cru ou banha de porco, um punhado de cogumelos secos embebidos em água morna, 100g de manteiga, 1 copo de vinho branco seco, 80g de parmesão ralado, sal, pimenta, um pouco de caldo.

Preparação:

Prepare o macarrão. Corte a massa em tiras de 1cm de largura e deixe secar em um pano branco polvilhado com farinha. Limpe os miúdos de frango e corte-os em pedaços. Pique a cebola e, separadamente, os cogumelos embebidos em água e bem espremidos. Em uma panela, doure a cebola na gordura do presunto ou da banha e o alho em 30g de manteiga. Adicione os miúdos (sem os fígados), misture, tempere com sal, pimenta e regue com o vinho branco e o caldo. Separadamente, cozinhe os cogumelos por alguns minutos na manteiga. Adicione os fígados e os cogumelos aos miúdos, misture e adicione o puré de tomates. Deixe tudo pegar sabor por alguns minutos. Cozinhe o fettuccine em bastante água salgada, escorra quando estiver ao dente, despeje em uma travessa quente e tempere com o molho e bastante queijo parmesão ralado.

Espaguete queijo e pimenta (cacio e pepe)

Ingredientes:

360g de espaguete, 100g de pecorino romano, pimenta preta.

Preparação:

Ralar o pecorino. Ralar, ou macerar num pilão, uma boa quantidade de pimenta.

Cozinhar o espaguete em água abundante e ligeiramente salgada. Escorrer o espaguete, reservando uma concha da água do cozimento, e versá-lo numa vasilha. Acrescentar o queijo e a água do cozimento e mexer velozmente para o queijo derreter e formar um creme. Servir imediatamente, polvilhando a pimenta.

Além das massas, a cozinha burina compreende também pratos à base de cordeiro, como o *abbacchio romano*, e à base de porco em geral.

Abbacchio (borrego)

Abbacchio é a palavra romana para o cordeiro jovem, amamentando, abatido para venda, que mantém um papel fundamental na história da culinária romana e do Lácio. Do dicionário romano de Chiappini extraímos que "o filho da ovelha ainda amamentando ou recém-desmamado chama-se abbacchio, por outro lado, agnello é o filho da ovelha com quase um ano de idade e já tosquiado duas vezes".

Ingredientes para 4 pessoas:

600g de costeletas de borrego (sem osso), 2 ovos, pão ralado, óleo para fritar, margarina ou manteiga, pimenta, sal e sálvia.

Preparação:

Bata as costeletas uniformemente e mergulhe-as nos ovos batidos, depois empane-as com cuidado. Doure-as em uma panela com óleo, um pouco de manteiga e algumas folhas de sálvia em fogo baixo por cerca de 5 minutos de cada lado, para que a carne permaneça loira. Adicione sal apenas antes de servir quente.

Por sua vez a cozinha macellara, à qual pertencem o *rigatoni com la pagliata* e a *coda alla vacinara*, nasceu em torno de matadouros, tendo como protagonistas as vísceras, pernas e bochechas dos animais.

Rigatoni com pagliata[122]

Ingredientes para 4 pessoas:

300g de rigatoni, 1kg de pagliata de boi, 1 cebola, 1 talo de aipo, 1 raminho de salsa, 1 dente de alho, 50g de presunto gordo, polpa de 2 tomates, azeite, sal, pimenta, queijo pecorino ralado.

Preparação:

Levante um pouco a pele da pagliata, puxe-a para baixo e remova-a completamente. Corte a pagliata em pedaços de cerca de 20cm, junte as duas pontas para formar rosquinhas e costure-as com um fio. Pique a cebola, o aipo, a salsa e o presunto. Num tacho com o azeite, frite o alho, junte os legumes picados e o presunto, misture e tempere com sal e pimenta. Adicione as rosquinhas de pagliata e doure em fogo médio. Adicione a polpa de tomate, misturada com água fervente, e cozinhe por algumas

122 A parte superior dos intestinos do vitelo de leite.

horas. Leve ao fogo uma panela com bastante água, deixe ferver, adicione sal e acrescente o rigatoni. Escorra e tempere com o molho preparado. Sirva o pecorino ralado separadamente.

ABRUZZO

A independência da culinária da região do Abruzzo está muito relacionada com a dureza das serras que cercam a região. Por muitos séculos sua economia mal permitiu a sobrevivência: nem a agricultura, que não era muito lucrativa nos altos Apeninos, nem o pastoreio prosperaram. A ausência de grandes famílias e seus banquetes suntuosos também contribuiu para que não restassem vestígios de suas receitas nos tratados gastronômicos mais famosos dos vários séculos.

A malagueta é a presença constante de todos os pratos da zona, enquanto o açafrão, que aqui encontra o seu berço italiano, estranhamente é pouco utilizado na cozinha, pelo menos aparece pouco na literatura gastronômica da região e talvez o único prato que o menciona é uma marinada de peixe: o *scapece.*

Scapece para Frederico II da Baviera

Preparação de tradição árabe, cujo termo hoje indica sobretudo uma conserva pertencente à gastronomia do sul da Itália, feita de forma diferente de região para região, que inclui basicamente na receita: legumes (berinjelas, cenouras etc.), possivelmente fritos, e peixe azul[123]*. Este prato parece ter sido muito popular com o*

123 A denominação de *pesce azzurro* ou "peixe azul" é utilizada comercialmente e no campo culinário para indicar algumas variedades de peixes, geralmente de pe-

imperador Frederico II.

Ingredientes:

Anchovas, berinjelas, azeite, hortelã, água, vinagre, alho, pimenta.

Preparação:

Limpe as anchovas e corte as berinjelas no comprimento.

Frite tudo, um pouco de cada vez, em bastante azeite.

Em seguida, escorra aos poucos e coloque as anchovas e as berinjelas em uma saladeira intercaladas com folhas de hortelã e pimenta.

Ferva a água e o vinagre com dois dentes de alho picados, depois de alguns minutos despeje este líquido na saladeira acompanhado de colheres de óleo de fritura.

Deixe o scapece ganhar sabor por, pelo menos, um dia antes de ser servido.

A massa de trigo duro, de excepcional qualidade na região, usada no macarrão à *chitarra* (ferramenta de madeira com fios de aço usada para preparar a massa feita com ovos frescos na forma de um espaguete grande, com uma espessura de cerca de 2-3mm) que é acompanhado geralmente de *ragu* de cordeiro, porco ou boi. Outro protagonista da antiga mesa da região é uma sopa chamada *le virtù*, típica da região, com a qual tradicionalmente se comemora o primeiro dia do mês de maio, feita com diversos cereais, legumes, verduras e carnes.

---

queno porte, de várias formas e tonalidades de cor, cujo custo geralmente é reduzido, como por exemplo a sardinha, a anchova e a cavalinha. Biologicamente falando, o peixe azul pertence a espécies de vida pelágica, com carnes gordurosas e muitas vezes ricas em óleos.

Minestrone das 7 virtudes

Esta sopa está ligada a ritos pagãos. As "virtudes" a que o nome se refere são aquelas tradicionalmente exigidas da dona de casa. De acordo com a receita canônica, sete ingredientes diferentes devem estar presentes: sete leguminosas secas que sobraram do estoque de inverno, sete novas hortaliças oferecidas pela primavera, sete leguminosas frescas, sete condimentos, sete qualidades de carne e sete de massas com a adição de sete grãos de arroz. Tudo deve cozinhar por sete horas para que o minestrone finalmente adquira suas virtudes de bondade.

A gastronomia de Abruzzo é fortemente influenciada pelas preparações dos pastores, e vale ressaltar a importância dos queijos e da carne de ovelha. São típicos a cabra *alla neretese*, carne de cabra com tomate e pimentão ou o *arrosticini*, espetos de carne de ovelha assada.

Entre as carnes de aves históricas está o frango *franceschiello*, prato à base de carne de frango cortada em pedaços e cozido com adição de azeite, ervas, azeitonas, picles, vinho e alecrim, assim chamado por ser um dos pratos preferidos do último Rei das Duas Sicílias, Franceschiello di Borbone.

Na costa encontra-se o sabor do mar: peixes azuis, mas também moluscos, crustáceos e a extraordinária tainha chamada *agostinelle*, peixes de pequeno tamanho, pescados nos meses de agosto e setembro. Neste período pesam em torno de 50 gramas e geralmente come-se fritos. Muito famosos são os diferentes caldos que em cada localidade representam uma variação da sopa de peixe do Adriático.

O hábito do povo de Abruzzo de celebrar ocasiões solenes com almoços intermináveis deu origem ao Panarde, eventos comemorativos de opulência contra a miséria cotidiana. O respeitável jantar de núpcias não podia ter menos de vinte pratos – o oferecido ao distinto convidado chegava a trinta – e quem resistisse a provar tanta fartura arriscava-se a ofender irreparavelmente o anfitrião do banquete. O Panarde agora é organizado apenas para fins folclóricos, mas as tradições do Abruzzo geraram *chefs* ilustres, que nos anos 1900 eram garantia de precisão e criatividade nas cozinhas de transatlânticos, hotéis de luxo e famílias ilustres: da família imperial japonesa à da Casa Branca.

D'Annunzio, o glutão

Gabriele D'Annunzio, escritor, poeta, dramaturgo, militar, político, jornalista e patriota italiano, nasceu em Pescara, em 1863, de uma família burguesa, graças à rica herança de seu tio Antônio D'Annunzio.

Após o colegial em Prato, matriculou-se na Faculdade de Letras de Roma onde, sem completar os estudos universitários, levou uma vida suntuosa cheia de amor e aventuras.

Em pouco tempo tornou-se uma figura de destaque na vida cultural e social romana, colaborando com vários periódicos, explorando o mercado jornalístico e orquestrando espetaculares iniciativas publicitárias em torno de suas obras.

Gabriele D'Annunzio costumava comer voraz e abundantemente.

Encontrando-se em um restaurante, depois de ter se oferecido um excelente almoço, às vezes anotava alguns pensamentos, ideias e sentimentos em tiras de papel, pois afirmava que a delicadeza da comida ajudava na harmonia mental.

Ao longo de sua vida, D'Annunzio sempre esperou o café da manhã ou o almoço com verdadeira alegria, e ficava de mau humor se não fosse servido prontamente.

Gabriele era considerado, por alguns, abstêmio devido à sua paixão pela água, cujas inúmeras virtudes proclamava. Mas o poeta também bebeu um pouco de vinho, quando na França, pelo período de dois anos, ocasião em que foi convencido pelos vinicultores da região dos benefícios que o néctar poderia oferecer à sua saúde.

D'Annunzio adorava frutas, especialmente maçãs cozidas ou cruas, e as comia em grandes quantidades. Ele também gostava de arroz, carnes grelhadas e todo tipo de peixe. Não resistiu à tentação dos doces, enlouquecendo por amêndoas torradas, marrons-glacês e chocolate, que parece considerar um excelente revigorante para reuniões de cama. Ele tinha uma verdadeira obsessão por sorvete e, se soubesse que não estava sendo observado, comia até dez seguidos.

SARDENHA

Isolada geograficamente, a região da Sardenha tem uma cozinha simples com sabores fortes e suculentos e ainda hoje continua a preservar os hábitos alimentares enriquecidos e retrabalhados pelos povos dominantes, que não foram poucos. Entre eles fenícios, romanos, genoveses, catalães e espanhóis.

A tradição pastoril é responsável por uma variedade de produtos típicos. É uma cozinha "pobre", mas refinada, porque a escassez de ingredientes geralmente leva à criação de pratos saborosos e imaginativos. Mas é também uma cozinha "rica" em ocasiões solenes ou festivas, quando comer é em si uma festa.

As atividades predominantes de ovinocultura, agricultura e pesca se desenvolveram desde tempos remotos. A utilização das muitas variedades de vegetais cultivados também é importante para fazer saborosas sopas e acompanhamentos, que são enriquecidos também por vegetais que nascem de forma espontânea nos campos, entre eles o funcho, a acelga, a chicória e muitos outros. A caça é bastante ativa porque a Sardenha sempre foi uma terra generosa e rica em animais selvagens. Difundida e diversificada é a preparação dos inúmeros tipos de pães, tanto para o consumo diário quanto para as ocasiões especiais e festivas, entre os quais se destaca o *pane carasau*, fino e crocante.

Muito importantes são as comidas de pastelaria, em especial nas festas religiosas, ocasiões em que se pode valorizar os produtos de uma sociedade agropastoril: queijo fresco, ricota, coalhada, mel, limões, laranjas, amêndoas, passas, banha e muitos outros. Outra peculiaridade é que as sobremesas são preparadas para enfatizar e agregar valor às ocasiões festivas, como os doces para o Natal, para a Páscoa, para o Dia de Finados, para os casamentos, para o carnaval e assim por diante.

Entre os queijos destaca-se o pecorino maturado, de sabor e aroma ímpares, mas também *fiore sardo*, de sabor picante, o *calcagno* e o *papato*, com pimenta em grãos. Entre os pratos de massa destacam-se os *culurgiones*, feito com batatas, farinha e pecorino, os *puligioni*, de farinha sarda recheada com ricota, e os *malloreddus*, massa com a forma de concha feita de farinha de sêmola e água, que tem o *status* de prato mais preparado na Sardenha nas ocasiões festivas mais importantes.

Malloreddus alla campidanese

Ingredientes:

400g de malloreddus, 300g de salsicha, 300g de suco de tomate, 200g de pecorino sardo fresco, ½ cebola, azeite extravirgem e sal.

Preparação:

Pique finamente a cebola e refogue no azeite. Tire a pele das salsichas, desmanche-as grosseiramente com as mãos e junte-as à cebola. Refogue por 15 minutos no fogo alto misturando bem. Junte o suco de tomate, misture, cubra e deixe cozinhar por cerca de uma hora. Quando o molho de tomate estiver pronto, cozinhe os malloreddus com abundante água fervente e salgada por cerca de 15 minutos. Rale o pecorino de forma grosseira em uma panela e amoleça-o com algumas colheres de água do cozimento do malloreddus, mexendo até obter um creme. Escorra os malloreddus e junte ao molho com a salsicha, misture e, por fim, acrescente ao creme de pecorino. Misture bem para amalgamar todos os ingredientes do prato e sirva.

Entre os pratos à base de carne é característico da área o leitão no espeto, assado e temperado com ramos de murta. Carne e peixe ocupam o primeiro posto na mesa sarda com combinações aparentemente um pouco arriscadas, mas certamente eficazes, como galinha com *mirto* (típico licor sardo) e o pargo ao *Vernaccia*[124].

124 Vernaccia é o nome de várias vinhas cultivadas em muitas regiões da Itália e dos vinhos que delas se obtêm, entre os quais os mais conhecidos são os de San Gimignano (Siena) e de Oristano, com teor alcoólico mínimo de 15°, que chega a 18° no tipo seco.

Leitão no espeto

A peculiaridade deste prato está em cozinhar ao ar livre. Para isso, uma madeira altamente aromática é essencial: zimbro ou oliveira.

Preparação:

Estripe um porco, esvazie-o, lave-o bem e, depois de salgá-lo por dentro e por fora, coloque-o no espeto.

Coloque-o no fogo, ligeiramente afastado da chama, e mantenha-o no lugar por um tempo. Após cerca de 10min, vire o espeto para o outro lado e mantenha-o parado por mais 10min. Repita a operação várias vezes, até que a carne esteja seca no calor do fogo. Para cozinhar um leitão de 6kg demora cerca de 2 horas. Quando perceber que a carne está com uma cor bem dourada, polvilhe com sal e termine de cozinhar. Em seguida fatie o leitão, coloque-o em uma bandeja coberta com folhas de murta e sirva quente.

Pargo ao Vernaccia

Preparação:

O pargo, se ultrapassar 2kg, deve descansar na geladeira por pelo menos 2 dias, caso contrário ficará fibroso. Descasque o peixe e limpe-o das vísceras, tempere com sal e pimenta e coloque-o em uma panela na qual você derramou 2 ou 3 colheres de azeite e ½ copo de Vernaccia. Molhe a parte superior com azeite e Vernaccia e leve ao forno pré-aquecido a 180°C por 15-20 minutos. De qualquer forma, dependendo do tempo de cozimento e do tamanho do peixe, será bom verificar puxando uma espinha com uma pinça, que deslizará facilmente quando cozida.

Entre as sobremesas destacam-se as *seadas*, doces fritos recheados com pecorino derretido e cobertos com mel.

Fancello[125] observa que o sangue é um ingrediente fundamental na cozinha da Sardenha. É colhido imediatamente após o sacrifício do animal, principalmente para fazer morcelas doces e salgadas. O autor comenta que

> ... todos os povos antigos deixaram vestígios sobre o uso do sangue: os mesopotâmios polvilhavam com sangue pães ázimos[126] porque estavam convencidos de que alcançariam mais facilmente a divindade; os sumérios usavam o sangue como ingrediente nas preparações culinárias; os egípcios faziam salsichas com sangue; os espartanos tinham como preparação tradicional o "caldo preto", preparado com carne de porco e colorido pela adição de morcela.

De significativa importância é a produção do açafrão na Sardenha, que se destaca por seu alto poder colorante, efeitos terapêuticos e propriedades aromatizantes. A sua história remonta à época dos fenícios, que o introduziram na ilha embora conste que esta planta já era bem conhecida na época romana. Mas a primeira evidência real da comercialização do produto "açafrão" ocorre no século XIV, com a edição de uma norma para regular a exportação de estigmas da Sardenha.

No século XIX, o cultivo e uso do açafrão se difundiu, usado não apenas por suas qualidades aromáticas e medicinais, mas também

125 FANCELLO, Giovanni (especialista e professor de história da gastronomia da Sardenha) *apud* https://www.taccuinigastrosofici.it/.

126 Pães sem fermentos.

para o tingimento de seda e algodão. Não menos importante era o uso que se fazia na cozinha nas preparações típicas do pão, primeiros pratos, segundos pratos e sobremesas ou nos mercados como moeda de troca.

Na culinária local, esse tempero é usado um pouco em todos os lugares: *fregula* (versão sarda do cuscuz), *malloreddus*, *ragu* de salsicha, sopas, caldos (carne ou ovelha), *pardulas* (bolinhos recheados com ricota ou queijo assado) e fritada de carnaval.

A Itália do "Reino"

Em sua *Opera*[127], Bartolomeo Scappi chamou de Itália do Reino o grupo de regiões localizadas no sul da bota fortemente polarizadas pela cidade de Nápoles. São elas Molise, Campania, Apúlia, Basilicata, Calábria e a ilha da Sicília. Área de tantas e tantas tradições, sua culinária é fortemente baseada em massas, legumes, peixes, especiarias, azeite e frutas. Apesar da identidade culinária das regiões, existem também inúmeras especificidades em cada uma delas.

MOLISE

Em Molise, região que se emancipou apenas em 1963, seus orgulhosos habitantes sabem defender as mais antigas tradições culinárias, preservando com orgulho as receitas dos séculos mais longínquos. São sabores fortes, aromas vivos. A cozinha de Molise tem os seus pontos fortes na simplicidade das preparações e na autenticidade dos ingredientes. No entanto, a diferença é clara entre os pratos que são preparados no interior, à base de massas caseiras e carnes, princi-

127 SCAPPI, Bartolomeo, 1570.

palmente de cabra ou carneiro, e os preparados ao longo da estreita faixa costeira, onde predomina o peixe.

Para além das diferentes variedades de massas frescas, entre os primeiros pratos destaca-se a polenta, presente em todo o território, temperada principalmente com ricos molhos de porco ou cordeiro. No Molise os ovinos predominam nos pratos de carne (além de oferecer a possibilidade de excelentes queijos). A tradição bucólica tem os assados como tipo de cozimento mais comum, mas a imaginação rústica dos cozinheiros locais oferece uma infinidade de sugestões convidativas.

Nos restaurantes do interior encontra-se a antiga receita da *pecora alla brigante*, um espeto temperado com muitas ervas aromáticas. Outro prato típico da sociedade pastoril são os *torcinelli*, pãezinhos feitos com tripa de cordeiro recheados com fígado e ovos cozidos. Ainda hoje, várias famílias do Molise criam pelo menos um porco, ao qual dedicam cuidados para obter saborosos presuntos e excelentes charcutarias. Absolutamente original é a *pampanella*, barriga de porco seca com bastante pimenta, curtida em vinho branco (ou tinto) e cortada em pedaços, para depois ser utilizada em molhos para dar sabor.

Pampanella do Molise

Ingredientes:

600g de barriga de porco, 2 dentes de alho, vinagre de vinho branco, pimenta doce, pimenta picante, sal, azeite.

Preparação:

Corte a pancetta em cubos grandes e reserve. Em uma tigela, adicione o alho picado e uma quantidade igual de pimenta doce e pimenta picante. Adicione o vinagre até ficar uma pasta, quase um molho. Neste ponto, passe os pedaços de carne no molho. Unte uma assadeira, coloque a carne e leve ao forno a 180° C por 30 minutos. Após meia hora, adicione um copo de vinagre, cubra com papel-alumínio e cozinhe sempre a 180° C por mais 20-25 minutos. Se estiver muito líquido, retire a carne e deixe evaporar um pouco no forno. Pode ser consumido quente ou frio.

Muitos vegetais são quase onipresentes nesta cozinha, como tomates frescos ou em conserva, pimentão, brócolis, aipo e erva-doce, muitas vezes a causa de lutas no campo. A polêmica mais dura e antiga (em certo sentido, fraterna) é a que divide Boiano e Acquaviva Collecroce: cada uma dessas localidades afirma ter em seus férteis jardins a melhor erva-doce e o mais saboroso e gigantesco aipo branco. Entre as festas em homenagem aos vegetais, muito famosa é a de Isernia, dedicada à cebola e todos os produtos da terra, celebrada de forma pitoresca no dia de São Pedro e São Paulo.

Sopa à Molise

Ingredientes:

Feijão, torresmo, fatias de pão dormido, cebola, alho, tomate, aipo, salsa, sal e pimenta.

Preparação:

Depois de deixar o feijão de molho por uma noite em água morna, escorra e leve ao fogo para cozinhar. Separadamente, frite os torresmos em pedaços pequenos e, a meio da fritura, escorra-

os e junte-os ao feijão, temperando com sal. Prepare um molho fritando uma cebola picada e um dente de alho em azeite, junte os tomates picados, o talo de aipo picado, a malagueta, a salsa, o sal e a pimenta. Um quarto de hora antes do final do cozimento do feijão, adicione os temperos e finalize o preparo com fatias de pão amanhecido.

Aipo em úmido

Ingredientes:

1 aipo, 250g de purê de tomate, salsa, 1 dente de alho, orégano, farinha a gosto, azeite extravirgem, sal, pimenta.

Preparação:

Limpe um talo de aipo e corte em pedaços de cerca de 6-7cm cada. Lave-os bem, ferva-os e depois escorra-os e seque-os com farinha de ambos os lados. Coloque em uma panela um pouco alta para aquecer o azeite com um dente de alho. Quando o alho dourar, retire-o e coloque o aipo enfarinhado na panela. Frite-os bem dos dois lados, temperados com sal e pimenta. Despeje o purê de tomate sobre o aipo, polvilhe orégano e cozinhe com a tampa por 10-15 minutos, tomando cuidado para não queimar e mexendo delicadamente.

CAMPÂNIA

A linda e emblemática região da Campânia, de terras férteis desde os tempos antigos, era a mais próxima e principal fornecedora de alimentos da Roma imperial. Muitos e significativos eventos históricos na área justificam tantos pratos ricos com influências dos reinos d'Anjou[128] e Bourbon[129], quanto preparações pobres reservadas para o povo, onde os vegetais se destacam, além dos laticínios e quase nenhuma carne. A partir do Renascimento, a cozinha da região encontrou espaço nos textos de gastronomia com um grande número de receitas napolitanas como as de macarrão, *timballi* (molhos elaborados), peixes e caça.

Coelho à moda de Isquia

Ingredientes:

1 coelho de 1,2kg, 250g de tomate-cereja, 1/2 copo de vinho branco, 1 dente de alho, 1 pimenta, tomilho, manjerona, alecrim, sal e azeite extravirgem.

Enquanto isso, prepare as ervas e os tomates-cerejas.

Preparação:

Corte o coelho em pedaços grandes. Doure o alho com a pimenta malagueta no azeite. Em seguida, adicione o coelho.

Depois de dourar a carne, adicione o vinho, espere evaporar, retire o alho e a malagueta e junte as ervas aromáticas.

Em seguida, adicione os tomates-cerejas e o sal, cubra com uma tampa e cozinhe por cerca de 20 minutos.

---

128 Sob a corte d'Anjou do século XIV, floresceram em Nápoles as artes, as letras e uma cultura alimentar suntuosa, fortemente influenciada pelos hábitos refinados das cortes islâmicas.

129 A partir de 1734, após a dominação aragonesa, Nápoles tornou-se um dos centros culturais mais importantes da Europa com os Bourbons, abrigando um número de habitantes tão grande que só perdia para Paris.

Após este tempo, levante a tampa e deixe o molho reduzir.

Seu coelho está pronto para ser levado para a mesa.

A partir dos anos 1800 a culinária mais pobre passou a ser considerada na gastronomia da região. Há também uma série de pratos napolitanos que, a partir do século XIX, fundiram a tradição da corte francesa com ingredientes e costumes tipicamente napolitanos. Surgiram invenções muito elaboradas e espetaculares, nas quais se destacaram macarrão com molho de carne ou ragu à napolitana ou o *sartù* à base de arroz recheado com fígado de frango, linguiça, almôndega etc.

O "príncipe" da Campânia é o tomate San Marzano, usado com muita arte tanto no ragu como em outras preparações, inclusive nas pizzas, e se diz que "em Nápoles o tomate é quase uma religião".

Conserva de tomates da Campânia

Pegue alguns tomates San Marzano, lave-os, corte-os em pedaços e retire as sementes.

Lave cuidadosamente as garrafas e encha-as com tomates, adicionando algumas folhas de manjericão, um dente de alho e sal.

Sele os recipientes com rolhas novas e prenda-as com barbante fino.

Arrume as garrafas, separadas umas das outras com retalhos de tecidos, em uma panela grande cheia de água e ferva por cerca de meia hora.

Os tomates conservados assim podem ser consumidos da mesma forma que os tomates pelados.

Além do tomate San Marzano (descascado, picado, seco) e o *vesuviani* (molho), a região produz hortaliças que servem de matéria-prima para receitas originais.

Tradicionais são os *scapece* de legumes, as berinjelas em azeite são imperdíveis, como também a parmegiana de berinjela, os pimentões recheados ou o perfume que dá aos pratos a cebola *nocerino*. Para enriquecer os molhos tem-se ainda as cenouras raladas, couve-flor em azeite e folhas de couve.

Pimentões recheados sem carne

Ingredientes:

3 pimentões grandes (vermelho, amarelo, verde), 150g de queijo tipo scamorza defumado (ou queijo fibroso), 1 berinjela, 1 abobrinha, 5 tomates-cerejas, 1/2 cebola, azeite extravirgem, 1 colher de sopa de grana padano, manjericão fresco, sal.

Preparação:

Lave e corte todos os legumes em pedaços pequenos.

Em seguida, em uma panela grande, adicione 2 colheres de azeite, a cebola fatiada, doure por 1 minuto; acrescente as berinjelas, doure por 3 minutos, depois acrescente os pimentões, doure por 2 minutos, por fim acrescente a abobrinha e o tomate-cereja, o manjericão e cozinhe por mais 2 minutos. Adicione sal.

Neste ponto, arrume as cascas de pimentão em uma assadeira forrada com papel-manteiga. Adicione uma pitada de sal, um punhado de queijo defumado previamente cortado em pedaços pequenos, 2 colheres de sopa dos legumes e continue a rechear os pimentões alternando com o queijo defumado.

Por fim, adicione um queijo defumado em cubos, algumas folhas de manjericão. Recheie bastante, até um pouco mais do que a borda, pois o recheio tende a encolher durante o cozimento! E reserve um punhado do queijo defumado.

Asse no forno a 180° por cerca de 20 a 30 minutos.

Em seguida abra, adicione outro punhado de queijo defumado, um pouco de parmesão e um fio de azeite para os vegetarianos.

Ative o grill e cozinhe na parte superior do forno por mais 8 a 10 minutos.

Na alma da Campânia há também um aspecto importante que se baseia na cultura marítima. No Golfo de Sorrento e na costa de Amalfi não faltam conservas de peixe azul: anchovas salgadas e molho de anchovas de *cetara*, filés de cavala em óleo e sardinhas em conserva e salgadas. Nesta gastronomia de frutos do mar destacam-se também os mariscos e moluscos.

Anchovas arreganate

Ingredientes:

1kg de anchovas frescas, 150g de migalhas de pão velho e ralado, um dente de alho, 4 colheres de sopa de azeite extravirgem, suco e casca de um limão, orégano, pimenta preta.

Preparação:

Limpe as anchovas: retire a cabeça, as vísceras e o osso central e abra-as como um livro, lave-as bem e depois seque-as. Ligue o forno a 180 graus.

Pique o dente de alho e misture com a farinha de rosca, adicione o orégano, a casca de limão ralada, uma pitada de pimenta e reserve. Neste ponto, coloque as anchovas em uma assadeira untada com azeite e disponha-as com o verso para baixo, faça uma primeira camada, cubra com pão e adicione outra camada de anchovas, procedendo assim em camadas, até usar todos os ingredientes e finalize com mais farinha de rosca.

Regue com o suco de limão e azeite extravirgem e asse no forno quente por cerca de 15 minutos. Retire do forno, deixe repousar alguns minutos e sirva as anchovas, acompanhando o prato com salada fresca.

As glórias da culinária da Campânia pela parte terrestre são as massas e os laticínios, em especial os produtos fabricados com leite de búfala, destacando-se a festejada muçarela.

Salada caprese

Ingredientes para 2 pessoas:

4-5 tomates, 200g de muçarela de búfala fresca de boa qualidade ou "fior di latte", manjericão fresco, 1 colher de chá de orégano seco, azeite extravirgem de boa qualidade, sal e pimenta (opcional).

Preparação:

Lave os tomates, seque-os bem e corte-os com uma faca de lâmina fina na espessura de 6 a 7mm. Em seguida, arrume os tomates em uma tábua de madeira e polvilhe com sal. Corte a muçarela que *você escolheu com uma espessura de 6-7mm e passe um pano de algodão nas fatias para absorver a água em excesso.*

Por fim, faça a montagem da salada colocando algumas folhas de manjericão no fundo do prato e vá alternado: uma fatia de tomate, uma fatia de muçarela e, a cada 2-3 pedaços, algumas folhas de manjericão.

Polvilhe com uma pitada de orégano seco. Se você gostar, adicione uma pitada de pimenta e mais algumas folhas de manjericão. Por último, adicione um fio de azeite. Sua salada caprese está pronta para ser servida e saboreada imediatamente!

Caruso: úvula e palato superfinos

O famoso tenor napolitano Enrico Caruso adorava cantar e também comer. À mesa com ele sempre havia um grande grupo de parentes, que o acompanhavam tanto nas excursões, cada vez mais prestigiosas pela Itália e pelo mundo, quanto nas refeições preparadas pelos agricultores que trabalhavam nos quarenta hectares de sua propriedade na Toscana.

Caruso gostava de conversar e estar com pessoas simples. Em suma, era um personagem extrovertido da melhor tradição napolitana que se mostrava sensível aos problemas das pessoas comuns. A este respeito são contadas estórias significativas sobre ele. Conta-se de uma apresentação sua em solidariedade e apoio econômico a um estalajadeiro florentino que caiu em desgraça. Ou a oferta de frios, vinho e queijos a manifestantes que se reuniram em frente à sua vila para pedir comida.

Homem de grandes sucessos, Caruso teve poucas decepções, mas quando isso acontecia era o amor pela boa comida que aliviava suas mágoas. Famoso é o episódio ocorrido na sua Nápoles, onde voltou em 1901 para se apresentar oficialmente após uma série de triunfos internacionais. A obra escolhida foi *L'elisir d'amore*, mas no teatro San Carlo a apoteose se transformou em tal zombaria que o tenor amargurado fez uma promessa solene de não cantar mais na querida Nápoles, onde parece que ele só voltou por causa dos poucos amigos e o amado espaguete.

Espaguete à moda de Caruso

Ingredientes:

Espaguete, alho, salsa, azeite, sal e pimenta.

Preparação:

Frite os dentes de alho picados no azeite em fogo baixo; adicione um punhado generoso de salsa picada, sal, pimenta e algumas colheres da água do cozimento do macarrão.

Tempere a massa com o refogado e sirva.

P.S.: Caruso também se dedicou a um coquetel muito famoso com uma típica cor verde-esmeralda, à base de vermute seco, gim e creme de menta.

Numa eventual viagem à região, alguns pratos são imperdíveis, entre eles a pizza margherita, a fritada de macarrão napolitana, o nhoque à moda de Sorrento, o espaguete à putanesca, o robalo com água louca (*spicola all'acgua pazza*), os *sciurilli* (flores de abóbora fechadas, passada em massa de pastel e fritas em bastante óleo fervente e salgado), e da confeitaria napolitana, o babá ao rum, as massas folhadas e berinjelas ao chocolate.

Berinjelas ao chocolate

Ingredientes:

500g de berinjela, 200g de chocolate 70% em flocos, 200g de geleia de cereja, 150g de cedro cristalizado[130], 2 ovos, farinha, azeite.

Para o molho:

40g de cacau em pó, 200g de chocolate amargo, 50g de açúcar, 10ml de vermute.

Preparação:

Descasque as berinjelas, corte-as em fatias no sentido do comprimento e frite-as um pouco de cada vez em uma panela cheia de azeite bem quente. Quando estiverem ligeiramente douradas, retire-as com uma espátula e seque-as em papel absorvente.

Emparelhe as fatias de berinjela duas a duas, depois recheie-as com alguns flocos de chocolate, um pouco de geleia e pedaços de cedro cristalizado.

Mergulhe cada feixe de berinjela primeiro nos ovos batidos, depois na farinha, frite-os em azeite bem quente, quando estiverem ligeiramente dourados, retire-os com uma espátula ranhurada e seque-os cuidadosamente em papel de cozinha absorvente.

Prepare o molho:

Numa panela colocada em banho-maria deixe o chocolate derreter. Derreta o cacau e o açúcar com a água necessária, adicione o chocolate derretido em banho-maria e o vermute, leve ao fogo e cozinhe até obter uma consistência bastante espessa.

130 O fruto da planta, usado nas variedades doces para fazer frutas cristalizadas.

Mergulhe rapidamente os feixes de berinjela, escorra-os, coloque-os no prato de servir, deixe esfriar na geladeira por pelo menos 3 horas, retire, deixe descansar por alguns minutos e sirva.

A gastronomia napolitana também é feita de consumo em espaços externos de diversão, como, por exemplo, os "fritar e comer", além dos diversos "passatempos" (frutos do mar, pizzas, canapés, panquecas) oferecidos em quiosques ou barracas e consumidos a qualquer hora do dia.

Essa região é também a terra de avelãs e de deliciosas frutas, como figos, cedros, limões, laranjas e damascos que proporcionam saborosas compotas.

APÚLIA

A região da Apúlia apresenta uma cozinha simples, mas com muitos aromas e sabores. Os principais pilares de sua gastronomia são: azeite, trigo, legumes e peixe. A produção de azeite da região representa cerca de um terço da produção total italiana. Significativo também é o cultivo do trigo duro, responsável por inúmeros tipos de massas e pães. Destaca-se a produção de massas artesanais, que nesta zona são preparadas sobretudo com vegetais: massas e brócolis, massas e couve, macarrão e berinjela, massas e purê de feijão, espaguete e chicória. Na Apúlia, há o costume de terminar o almoço com vegetais crus, como erva-doce, rabanete ou aipo.

Orecchiette[131] à moda da Apúlia

Ingredientes:

Orecchiette, pimentões, molho de tomate, manjericão, azeite extravirgem, queijo pecorino, sal, pimenta preta, pimenta malagueta.

Preparação:

Corte os pimentões em fatias finas e doure-os por dez minutos em uma panela com azeite.

Em seguida, adicione o molho de tomate, manjericão, sal, pimenta, pimenta malagueta e cozinhe por cerca de cinco minutos.

Ferva os orecchiette em água abundante com sal, escorra quando estiver ao dente e despeje sobre o molho.

Antes de servir, polvilhe pecorino picado.

As produções de frutas e legumes são muito difundidas e de alta qualidade, e formam a base de pratos muito originais elaborados em todas as províncias sem diferenças marcantes. Um ingrediente simples, mas de muito prestígio, são as favas secas.

Favas e chicória

Ingredientes:

400g de favas secas descascadas, 400g de chicória selvagem, 3 folhas de louro, azeite extravirgem a gosto, sal a gosto, água q.b.

131 Tipo de massa seca de trigo duro em forma de pequena orelha, especialidade da Apúlia.

Preparação:

Para preparar as favas e a chicória selvagem, primeiro você terá de reidratar as favas de molho numa tigela com bastante água fria durante cerca de 12 horas (pode colocá-las à noite e prepará-las no outro dia). No dia seguinte, escorra as favas e coloque-as para cozinhar em uma panela grande, adicionando 2-3 folhas de louro por pelo menos 2 horas. Durante essas duas horas, os grãos soltarão uma espuma que você eliminará com uma escumadeira.

Lave bem as chicórias e limpe-as retirando com uma faca a parte mais dura que mantém as folhas unidas. Nesse meio tempo as favas estarão cozidas. Mexa-as com uma colher de pau até obter um purê de consistência grosseira. Tempere com sal e, depois de pronto, faça o tradicional prato de favas e chicória dividida ao meio: de um lado do prato coloque as favas e do outro, a chicória. Tempere tudo com um fio de azeite extravirgem e sirva as favas e a chicória selvagem acompanhadas de fatias de pão.

Quanto à carne, o bovino é escasso. A caça, as aves, os porcos, o coelho bravo e sobretudo a carne de ovino são bastante utilizados. *Quagghiaridde*, um prato de carneiro recheado com miudezas desfiadas e misturadas com queijo defumado, ovos e salame, é uma refeição de origem remota e agora extremamente rara.

Em toda a costa da Apúlia, Adriático e Jônico, o peixe é muito abundante. Dos polvos de Bari às anchovas que são comidas cruas; de frutos do mar a ostras cultivadas segundo costumes que remontam há muitos séculos.

Polvo à pignata[132]

Ingredientes:

½ de polvo, 400g de tomate maduro, 80g de cebola, 70g de azeite extravirgem, 1 dente de alho, 1 folha de louro, pimenta, salsa.

Preparação:

Lave os tomates e retire a casca e as sementes, descasque a cebola e corte-a em fatias finas, descasque o alho. Derrame o azeite numa panela de barro e coloque os tomates, a cebola, o alho, o louro e os talos de salsa.

Adicione o polvo cortado em pedaços grandes e misture.

Cubra a panela com papel-alumínio e tampe. O alumínio ajudará a não dispersar o calor e a umidade durante o cozimento. Cozinhe por cerca de 1 hora e meia, depois retire a tampa e cozinhe por mais 30 minutos. Sirva o polvo com um punhado de salsa fresca picada.

A contribuição dada à mesa da Apúlia pelas inúmeras especialidades de laticínios e sobremesas à base de amêndoa também é importante.

Mostaccioli à moda da Apúlia

Ingredientes:

1kg de farinha 00, 600ml de vincotto133, 500g de amêndoas (torradas), 200g de açúcar, 100g de azeite extravirgem, 10g de

132 Panela de barro.

133 Bebida alcoólica típica da Apúlia obtida através do cozimento do mosto de diversas uvas vermelhas.

amoníaco para doces, casca de limão q.b., 50g de cacau em pó, gotas de chocolate amargo (opcional).

Preparação:

Para preparar o mostaccioli, primeiro você terá que cortar grosseiramente as amêndoas. Aqueça 200ml de vincotto e dissolva o amoníaco. Em uma tigela grande peneire a farinha e o cacau; em seguida, adicione o azeite, o açúcar, a amônia dissolvida no vincotto, a casca de limão ralada, as gotas de chocolate e o restante do vincotto. Misture todos os ingredientes até obter uma massa. Transfira a massa para uma assadeira e forme um cilindro, achatando-o levemente na superfície.

Corte, com cortes oblíquos, pedaços de 5-6 cm de comprimento, depois, se quiser, polvilhe-os com açúcar. Pré-aqueça o forno a 200° e asse os mostaccioli por cerca de 15 minutos.

BASILICATA

As tradições gastronômicas da Basilicata nascem junto com as das três regiões vizinhas – Apúlia, Calábria e Campânia –, mas são filtradas por uma atmosfera arcaica que as torna únicas e mágicas.

A cozinha é pobre, feita de poucos ingredientes com sabor forte. A massa, artesanal, é como em todo o Sul, principalmente de sêmola de trigo duro e água, sem ovos, proposta em mil variantes, com nomes tão antigos quanto as técnicas de processamento.

Destacam-se as massas feitas enrolando-as num ferro, o *ferretti*, uma espécie de espaguete perfurado com cerca de um palmo de comprimento, servido com o clássico tempero de migalhas de pão frito em azeite aromatizado com pimenta; os *minnicchi*, pequenos pedaços de massa quadrada de tamanho semelhante ao *penne*, temperados com molho de tomate, nabo cozido e queijo pecorino; e o macarrão curto *fusilli*, com a forma espiral característica.

Destacam-se os tipos de massas curtas esmagadas com a ponta do dedo, ou faca, chamadas *strascinati*, entre as quais se destacam os *strascinari*, *cavatelli* e *orecchiette* ou *ricchitelle*.

Na Basilicata, a massa é muitas vezes temperada com o simples molho de tomate, pimenta, ou com vegetais locais, de nabos a flores de abóbora.

Entre os molhos das festas destacam-se o ragu lucaniano (polpa de carne de porco, barriga de porco, banha, canela e noz-moscada), e o ragu de carne de ovelha.

Quanto aos doces, a zona tem todas as especialidades do Sul, reinterpretadas na forma e com ingredientes mediterrâneos e dos Apeninos, como amêndoa e nozes, figos e castanhas, grão-de-bico e ricota, citrinos e mel.

Fettuccine com grão-de-bico

Ingredientes:

Farinha, grão-de-bico, azeite extravirgem, alho, tomate, alecrim e sal.

Preparação:

Amasse a farinha de trigo duro com a quantidade de água morna necessária para obter uma massa lisa e consistente. Abra a massa até que resulte uma folha fina e corte-a em tiras da largura dos dedos. Enquanto isso, cozinhe o grão-de-bico (mantido de molho durante a noite) em água sem sal. Prepare um molho dourando primeiro um dente de alho no azeite, depois adicione pedaços de tomates maduros (descascados e sem sementes) ao molho, alecrim e sal e deixe ferver por dez minutos. Quando o grão-de-bico estiver quase cozido, ferva as tiras de massa em água e sal e escorra-as ao dente. Despeje o grão-de-bico e o macarrão em uma terrina e tempere com o molho. Deixe descansar por alguns minutos antes de servir.

Braciolle lucana

Ingredientes:

600g de carne de vitela (6 fatias de 100g cada), 12 colheres de chá de queijo pecorino ralado, 12 folhas de salsa, pimenta preta q.b., sal, 700ml de purê de tomate, 200ml de água, 4 folhas de manjericão, azeite, 6 fatias de mortadela.

Preparação:

Coloque as fatias em uma superfície de trabalho e tempere com sal. Por cima de cada uma coloque a fatia de mortadela, as folhas de salsa e duas colheres de chá de queijo pecorino ralado. Se você gostar, também pode adicionar alho finamente picado. Enrole a fatia formando um rolo e feche-o com dois palitos. Adicione o purê de tomate, a água, o manjericão e cozinhe por cerca de uma hora.

Chinulille lucano

(Doce tradicional da Basilicata no período natalino)

Ingredientes:

Ricota, canela, ovo, açúcar, sal, óleo de amendoim e mel.

Preparação:

Trabalhe em uma tigela: ricota, uma pitada de canela, gemas e açúcar. Em uma superfície plana, amasse a farinha com a gema de ovo, uma pitada de sal e água, até obter uma massa lisa e elástica. Abra a massa e faça quadrados para rechear com a ricota. Feche os doces e frite-os em óleo de semente de amendoim. Antes de servir as chinulilles, cubra-as com açúcar ou polvilhe com mel, se desejar.

CALÁBRIA

A região da Calábria já foi o centro de uma civilização florescente, pois era uma terra de imigração helênica, tanto que foi chamada de Magna Grécia. A comida dos calabreses não passou por muitas transformações e se manteve bastante ligada a costumes e crenças historicamente determinados. Muitas receitas remontam à mesa mediterrânea dos gregos e latinos, enquanto outras foram introduzidas pelos árabes, normandos, espanhóis e franceses. Na colônia aqueia de Sybaris (Sibari), onde os habitantes viviam no mais requintado luxo, entre as comidas favoritas havia o *laganon*, ou macarrão grande, do qual Apício, mais tarde, deu testemunho.

Da herança grega tem-se os *makaria*, uma espécie de bolinho cilíndrico, um alimento ritual, do qual talvez derive o macarrão. A *mustica*, certamente árabe, deriva da prática de se curtir anchovas recém-nascidas no azeite. Trata-se de uma conserva e, portanto, um recurso vital para as aldeias dos Apeninos, onde a disponibilidade de alimentos não perecíveis era fundamental.

Uma velha canção popular dizia: "infeliz quem não tem porcos para matar", porque embutidos, banha, queijos, berinjelas em azeite e tomate seco eram para os sulistas a garantia de sobrevivência nos períodos, não raros, de fome. Há algo de sagrado e antigo na alimentação dos calabreses, a observância de regras de comportamento que remontam aos séculos passados. Adeptos de festas religiosas, cada uma delas tinha seu alimento de devoção, cada evento da vida familiar sua tradição gastronômica. Era regra que treze pratos fossem colocados na mesa para o Natal e que o mesmo fosse feito para a Epifania. No carnaval exigiam um cardápio à base de macarrão e carne de porco, e a Páscoa era celebrada com pães e cordeiro assado. Para a Ascensão, exigia-se macarrão com leite. O rigor deste calendário foi diminuindo ao longo do tempo, deixando, contudo, vestígios visíveis no repertório gastronômico da região.

As berinjelas se adaptaram muito bem na região, preparadas de várias maneiras, desde com sabor agridoce até com cogumelos. Enfim, todos os principais ingredientes que formam a base da cozinha calabresa, como legumes, massas, derivados de porco, peixes da costa, são personalizados pela contribuição de pimenta e azeite, praticamente presentes em quase todos os pratos da região.

Mustica calabresa

É uma especialidade típica da costa jônica calabresa. A matéria-prima é dada pelas anchovas recém-nascidas, que os calabreses tratam com um procedimento muito particular:

primeiro as espalham ao sol em tábuas de madeira, cobertas com pimenta em pó, e depois, quando estão bem secas, em recipientes de vidro cobertos com azeite. A *mustica também pode ser degustada como um aperitivo picante espalhado em fatias de torrada.*

Espaguete à 'nduja[134] e ricota

Ingredientes:

360g de espaguete, 250g de suco de tomate, 120g de 'nduja, 250g de ricota, 1 dente de alho, 3 colheres de azeite extravirgem, 1 pitada de sal, salsa.

Preparação:

Numa panela com azeite escaldar o alho. Junte o suco de tomate, a pitada de sal e cozinhe em fogo baixo por 10-15 minutos com a panela coberta. Quando o molho estiver reduzido, corte a 'nduja em pedaços pequenos, junte 2/3 dela ao molho e deixe que derreta misturando bem. Cozinhe o espaguete, escorra ao dente e transfira para a panela do molho, mexa por 1 minuto e adicione 2/3 da ricota em pequenos pedaços e continue a mexer até que a ricota se misture à massa. Desligue o fogo e acrescente a salsa. Sirva logo, guarnecida com pedacinhos de 'nduja e ricota.

SICÍLIA

Gastronomia tipicamente mediterrânica tem como base o azeite, as massas, peixes, frutas, legumes e ervas aromáticas. O repertório sici-

134 A 'nduja se produz misturando carne e gordura de porco com pimenta malagueta seca triturada. Depois é ensacada e defumada.

liano é tão rico de produtos característicos que os *chefs* sicilianos, famosos desde os tempos antigos, criaram uma cozinha tão imaginativa e suntuosa que não pode ser comparada à de qualquer outra região.

A gastronomia siciliana é provavelmente a mais antiga da Itália, e cada cultura deixou um legado de sabores. Ricota, mel, vinho e azeitonas datam da Magna Grécia; as favas e lulas recheadas são contemporâneos da Roma antiga; cuscuz, açafrão, frutas cítricas, açúcar e arroz foram trazidos pelos árabes; o peixe *stocco* e bacalhau teriam sido introduzidos pelos normandos. O *farsumagu* (rolo de carne assada, ovos cozidos, queijo, banha, salsicha) foi descoberto na época dos d'Anjou, enquanto as tortilhas e a *caponata* coincidiram com a dominação espanhola.

As receitas sicilianas são indicadas por famosos autores da gastronomia, de Mestre Martino a Messisbugo, para continuar com Leonardi.

Nesta região cada preparação torna-se algo especial, *arancini* de arroz (inspirado nos cítricos tanto na aparência quanto no nome) e o cuscuz de peixe à moda de Trapani são uma síntese muito feliz de várias influências.

Arancini de arroz

Ingredientes para cerca de 10 peças:

Para o arroz: 500g de arroz carnaroli ou vialone nano, 70g de manteiga, 2 saquinhos de açafrão, sal.

Para o recheio: 150g de carne de porco picada, 50g de carne moída, ½ cebola, ½ cenoura, um pedaço de aipo, 2 folhas de louro,

2 a 3 cravos, 2 a 3 colheres de sopa de azeite extravirgem, 200ml de molho de tomate grosso, 100g de ervilhas, ½ copo de vinho branco, sal, 80g de queijo caciocavallo para ralar mais 50g em pedaços (opcional).

Para o empanado: farinha (6 a 8 colheres de sopa e até um pouco mais, dependendo de quanto o arancini absorve), água conforme necessário, pão ralado.

Preparação:

Ferva o arroz em bastante água e sal, escorra ao dente, mexa em uma panela com a manteiga e o açafrão até obter uma mistura perfeitamente cremosa e amalgamada. Transfira para um prato ou uma panela grande, para que o arroz esfrie uniformemente. Pique a cebola, o aipo e a cenoura muito finamente, frite com azeite, adicione a carne picada, deixe dourar por 1 minuto e misture com o vinho. Deixe evaporar, depois despeje o purê de tomate, a folha de louro, o cravo e cubra com uma tampa. Cozinhe em fogo baixo por pelo menos 50 minutos. O molho de carne deve ser grosso! Em seguida, retire a tampa. Por fim, adicione as ervilhas e cozinhe por mais 15 minutos. Descarte as folhas de louro e os cravos. Deixe esfriar por meia hora e acrescente o caciocavallo ralado. Adicione sal e deixe esfriar completamente.

O segredo para o arancine perfeito é um ragu grosso e compacto! Antes de prosseguir com a formação do arancini siciliano, é bom que o arroz e o molho de carne estejam perfeitamente frios!

Pegue um punhado de arroz e segure com uma mão, cave dentro com a outra para fazer uma embalagem para o recheio. Coloque

2 colheres de chá de molho de carne e um pedaço de caciocavallo. Adicione uma colher de chá de arroz por cima e modele cada arancino com as mãos. Você pode decidir se deseja torná-lo perfeitamente redondo ou como o arancini original: em forma de cone.

Ao prepará-los, compacte-os muito bem e coloque em uma travessa. Em uma tigela pequena com laterais altas adicione a farinha e despeje algumas colheres de água para criar uma massa grossa e pegajosa que não seja muito fluida, mas com a consistência de tempura. Mergulhe o arancino e certifique-se de que está todo coberto com a massa. Em seguida, transfira para a farinha de rosca onde você dará a forma novamente.

Depois de fazer todos os arancini, você pode mantê-los na geladeira por 2 a 3 dias, congelá-los ou fritá-los. Para fritar, escolha uma panela com laterais altas, na qual frite em óleo de amendoim no máximo 3 unidades de cada vez, quando o óleo estiver fervendo a uma temperatura de 175°. Você pode avaliar a temperatura perfeita mergulhando um palito. Se ele encher de bolhas, está pronto! Mergulhe os bolinhos de arroz no óleo fervente e cozinhe por cerca de 2 minutos. Escorra-os em papel absorvente quando estiverem dourados.

Obs.: Algumas receitas do arancini recomendam que eles sejam empanados no ovo e na farinha de rosca, como as nossas coxinhas de galinha.

Da série infinita de outras especialidades, as à base de peixe se destacam. Os habitantes de Messina são mestres na cozinha do peixe-espada, o atum do povo de Trapani.

Peixe-espada à ghiotta

Ingredientes para 4 pessoas:

4 postas de peixe-espada (cerca de 200g cada um), 1 cebola roxa, 3 talos de aipo, 80g de azeitonas verdes sem caroço, 30g de alcaparras, 350g de polpa de tomate, sal e pimenta, azeite extravirgem.

Preparação:

Lave as alcaparras e mergulhe-as numa vasilha com água fria. Fatie a cebola e corte o aipo em pedaços. Corte as azeitonas em metades. Leve o aipo e a cebola a uma panela antiaderente e junte 2 colheres de azeite. Cozinhe-os por alguns minutos e junte as alcaparras e as azeitonas. Acrescente a polpa de tomates e prossiga o cozimento por 15-20 minutos. Elimine a pele das postas do peixe e junte-as ao molho. Cozinhar por cerca de 10 minutos, acrescentando um pouco de água se o molho ficar muito denso. Acertar o sal e a pimenta e servir.

Macarrão com sardinhas à siciliana (Pellegino Artusi)

Devo esta sopa a uma e senhora espirituosa cujo marido siciliano gostava de manipular alguns pratos de seu país, incluindo pescada à moda de Palermo e ensopado de peixe.

Ingredientes:

500g de macarrão comprido napolitano, 500g de sardinhas frescas, 6 anchovas salgadas, 300g de funcho selvagem ou funcho novo (erva-doce), molho de tomate, azeite, sal e pimenta.

Preparação:

Retire a cabeça, o rabo e a espinha das sardinhas dividindo-as em duas partes, enfarinhe-as, frite-as, salgue-as um pouco e reserve-as. Ferva os funchos, esprema-os, pique-os e reserve. Depois de cozido em água com sal, escorra bem o macarrão e reserve também. Coloque bastante azeite no fogo em uma panela e desfaça as seis anchovas depois de tirar-lhes a espinha. Despeje o funcho neste molho, tempere com um pouco de sal e pimenta e deixe ferver por dez minutos com molho de tomate ou conserva de tomate dissolvida na água. Agora que está tudo pronto, disponha numa assadeira o macarrão com as sardinhas e o molho de anchovas com funcho. Coloque-os para dourar e sirva quente. Deve ser suficiente para seis ou sete pessoas.

Uma característica da cozinha siciliana é que o mesmo prato pode ser preparado, dependendo da disponibilidade de ingredientes, em uma versão mais modesta ou mais rica. Entre os famosos capítulos desta cozinha está também o das suntuosas residências baroniais dos "Leopardos" dos séculos XVII e XVIII.

O romance *Il Gattopardo (O Leopardo)* foi publicado em 1958 e conta a história dos acontecimentos significativos do príncipe de Salina e sua família durante os anos da unificação da Itália, em uma Sicília reticente às mudanças.

Como em todos os anos, por gerações, os Salina se mudavam no verão para o palácio adormecido de Donnafugata. Como de costume, por ocasião da chegada do príncipe a casa foi reaberta e um jantar solene organizado por mãos habilidosas para receber velhos amigos e reafirmar o poder inalterado do príncipe. Naquela noite, Angélica também entrou no grande salão com sua beleza italiana, com sua fisicalidade explosiva, não muito refinada, mas muito perturbadora. O sobrinho do príncipe, Tancredi, apaixona-se por ela. O príncipe a observa extasiado com sua espontaneidade e sua beleza. A noite começa, as velas iluminam a mesa suntuosa e entra o timbale[135] de macarrão que o autor descreve com tanta maestria:

"O ouro polido do timbale, a fragrância de açúcar e canela que emanava dele, eram apenas o prelúdio da sensação de prazer que vinha de dentro quando a faca rasgava a crosta: primeiro irrompeu uma fumaça carregada de aromas e então se viam os fígados de galinha, os ovos duros, os filetes de presunto, frango e trufas na massa gordurosa e muito quente de macarrão curto, ao qual o molho de carne dava uma preciosa cor de camurça".

Segue antiga receita siciliana de 1860 que talvez seja a que mais se aproxima da descrição feita por Tomasi di Lampedusa:

Ingredientes para 6 pessoas:

400ml de molho de carne, ½ frango cozido, 100g de cogumelos frescos, 100g de fígado de galinha, 200g de presunto cozido cortado em tiras, 100g de salsicha, 120g de ervilhas refogadas na

135 Forma cilíndrica para bolos e tortas.

manteiga, 500g de macarrão, parmesão ralado, 3 ovos cozidos fatiados, sal, pimenta e uma trufa negra.

Para a massa: 400g de farinha, 200g de açúcar, 200g de manteiga na temperatura ambiente, uma pitada de sal e de canela, 4 gemas.

Para o creme: 3 colheres de açúcar, 3 gemas, 2 colheres de farinha, uma pitada de sal e de canela, ½ litro de leite.

Preparação:

Faça a massa misturando todos os ingredientes rapidamente com as mãos para obter uma mistura homogênea e deixe descansar por uma hora na geladeira, coberta com um pano. Em seguida, prepare o creme que você cobrirá com filme plástico até estar pronto para uso.

Prepare as almôndegas, do tamanho de avelãs, com 200g de carne moída de frango cozido misturada com 1 ovo, 100g de presunto cozido, 2 colheres de queijo parmesão, salsa picada e uma pitada de sal. Frite-as em azeite abundante e reserve.

Tempere o restante do frango e do presunto, cortado em tiras, em um pouco de manteiga, adicione os fígados, salsichas, cogumelos, almôndegas, ervilhas e cozinhe por alguns minutos. Em seguida, transfira-os para uma panela com algumas colheres de suco de carne e cozinhe por mais alguns minutos para que os sabores se misturem bem.

Enquanto isso, cozinhe o macarrão ao dente, escorra e tempere com o molho de carne, manteiga, bastante queijo parmesão e deixe esfriar.

Unte uma forma redonda de 30cm de diâmetro e cubra o fundo e as bordas com um terço da massa que você abriu com cerca de ½ cm de altura. É importante que a massa transborde um pouco das bordas para que você possa fechar facilmente o timbale com o outro disco de massa.

Coloque metade do macarrão na forma e por cima distribua a mistura de carne sobre ele, os ovos, polvilhe com o parmesão e a trufa preta em tiras, por fim cubra com o restante do macarrão ao qual você dará uma forma levemente abobadada, na qual você despejará o creme e o fará penetrar bem.

Cubra o timbale com as sobras de massa, pressionando bem as bordas para que fiquem bem vedadas. Pincele sua superfície com ovo batido e asse por cerca de 45 minutos no forno a 180 graus. Depois de pronto retire do forno e deixe descansar por 5 minutos. Sirva imediatamente.

Os pratos de massa sicilianos vão desde os opulentos timbales aristocráticos do *Leopardo* até as receitas populares altamente refinadas. Existem muitos formatos básicos concebidos para combinar com os diferentes condimentos de peixe, queijo ou vegetais.

Característicos da tradição popular siciliana são: o *ditalini*, massa tubular curta lisa ou listrada enriquecida com ricota, e os *anelletti* ou anéis, assados no forno e temperados com berinjelas e queijo.

De origem árabe, o cuscuz, uma das formas mais primitivas de massa, consiste em pequenas bolinhas de farinha de sêmola e água trabalhada com as mãos. Os vários tipos de macarrão são comuns em todos os lugares, feitos com massa de sêmola de trigo duro, água e às vezes ovos, enrolados em um arame ou junco, retirados e deixados secar ao ar livre. Outra variante é o *scuma*, nome siciliano para "cabelo de anjo", espaguete bem fininho servido em caldo ou com molhos leves, que nesta região também se torna uma sobremesa delicada se frito e depois polvilhado com mel.

Espaguete alla Norma

Ingredientes:

Espaguete, berinjela, polpa de tomate, alho, ricota temperada, manjericão, azeite, sal e pimenta.

Preparação:

Pegue algumas berinjelas, corte-as em fatias e frite-as em bastante azeite (se quiser, deixe as fatias em água salgada antes de usá-las para drenar o sabor amargo).

Prepare um molho com polpa de tomate, azeite, sal, pimenta, dentes de alho, e cozinhe até ficar bem reduzido.

Prepare o espaguete ao dente em bastante água com sal, escorra e misture com o molho, adicionando um pouco de ricota temperada ralada.

Sirva a massa alla Norma enriquecida com as berinjelas fritas, um punhado de ricota temperada e folhas de manjericão.

Vincenzo Bellini entre banquetes e mulheres[136]

Filho de um organista, compositor e maestro de coro, Vincenzo Bellini seguiu as primeiras aulas com o avô e o pai, revelando-se imediatamente uma criança com talento musical. De acordo com um documento da época, quando tinha apenas cinco anos já sabia tocar piano "de uma forma digna de admiração".

Toda a Catânia adorava este jovem gracioso e elegante, de natureza nobre e agradável. Graças a uma bolsa do Município, em 1819 Bellini entrou para o Conservatório de Nápoles. Sob o Vesúvio escreveu algumas composições de sucesso, como *Os Capuletos e os Montecchios*, que o levaram a receber encomenda de obras do Teatro Scala, em Milão, para onde se mudou em 1830.

Infelizmente, no mesmo ano, o artista foi atingido por um violento ataque de gastroenterite, doença que o acompanhou até a morte.

Em 1831, logo após a estreia da ópera *Norma*, recebida com frieza no Scala, Bellini declarou: "Fiasco, fiasco, solene fiasco". Nas noites seguintes, porém, o público percebeu que estava diante de uma obra-prima, transformando o compositor em uma das personalidades mais requisitadas de Milão.

Bellini dividia-se igualmente entre as recepções organizadas pela alta sociedade, as incontáveis amantes e o trabalho que realizava. Administrador cuidadoso de seu talento, limitou ao máximo sua produção, ao contrário do que fez seu grande amigo Rossini. Ele foi um dos poucos compositores da época que se sustentou apenas com os rendimentos das óperas, os mais altos já pagos na Itália até então.

Uma das preparações sicilianas mais saborosas também está indiretamente ligada a Bellini: a *pasta alla Norma*. Consta que o prato foi assim batizado por Nino Martoglio numa reunião à

136 Texto de Alfonso Stefano Guerrera, jornalista e autor da publicação *Rigatoni... fuori dalla Norma*, Ed. Geco.

mesa de dramaturgos famosos de Catânia, na casa de Angelo Musco, grande ator cômico.

Quando a dona da casa trouxe à mesa o apetitoso espaguete com molho, manjericão, berinjelas fritas e ricota salgada, depois das primeiras garfadas o galante poeta e gourmet Nino Martoglio quis cumprimentar a autora com estas palavras: "Signura, chista è na vera Norma"[137]. A frase foi tão popular que os convidados não deixaram de torná-la conhecida na Catânia. E de lá partiu para o mundo inteiro. É, portanto, Nino Martoglio quem é definitivamente creditado com a honra de ter batizado o *spaghetti alla Norma,* uma expressão que é uma homenagem indireta, mas sincera, à arte de Vincenzo Bellini.

137 "Senhora, isto é uma verdadeira Norma", em dialeto siciliano

Pratos famosos: origem, lendas e receitas

Espaguete ao molho de tomates

O mestre Montanari (2019)[138] observa que um produto alimentar desperta o interesse dos estudiosos da culinária por sua capacidade de se combinar a outros produtos, gerando novas preparações que propiciam novos e exitosos sabores. O mais emblemático desses casos é do espaguete ao molho de tomates que, ao longo do tempo, acabou por se tornar um símbolo da culinária italiana. O espaguete é um tipo de massa seca cuja técnica foi introduzida na Europa pelos árabes na Idade Média, mais precisamente na Sicília e de lá expandiu-se para toda a Itália. O tomate, como ressaltado anteriormente, já era amplamente cultivado e consumido pelos indígenas americanos, tendo sido introduzido na Europa apenas no século XVI pelos espanhóis, que o trouxeram do México, sendo que, durante mais ou menos dois séculos, não teve boa aceitação no continente europeu.

Sendo assim, onde, quando e como se deu o encontro do espaguete com o molho de tomates? Ou melhor, através de quais interações

138 MONTANARI, Massimo.

socioeconômicas e culturais configurou-se um ambiente favorável a esse encontro?

De acordo com a literatura gastronômica, o encontro entre o espaguete e o tomate se concretizou em Nápoles apenas no século XIX, favorecido pela evolução da produção da massa seca em grande escala e o reconhecimento do tomate como produto alimentar rico em propriedades nutritivas e organolépticas.

No início dos anos seiscentos (século XVII), os napolitanos passaram a ser conhecidos como *mangiamaccheroni*, sendo que, até então, esse epíteto era utilizado para designar os sicilianos, pioneiros na produção e consumo da massa seca, como já foi ressaltado. Acontece que em torno do ano de 1630 a cidade de Nápoles apresentava visível empobrecimento de sua população, em virtude da carestia e da má administração da economia pelo governo espanhol, atingindo principalmente os estratos inferiores da população para os quais foi reduzida drasticamente a provisão de carne, levando os menos favorecidos a uma significativa mudança de regime alimentar.

Nesse meio tempo começou a se difundir em Nápoles a utilização de maquinário industrial destinado à produção de massa seca, aprovado na Itália em fins do século anterior. A utilização sistemática dessas máquinas foi decisiva para a fabricação de massa seca em grande escala.

A inovação tecnológica fez cair drasticamente o custo de produção das massas e também os preços para o consumidor. Dessa forma, os *maccheroni* foram promovidos a alimento básico da população napolitana. Isso tudo mudou o *status* da *pasta*, categoria alimentar que passou a ocupar um lugar relevante na dieta da classe popular e rapidamente se tornou a "comida de rua" dos napolitanos. Por essa razão, a partir do século XVII os napolitanos se tornam conhecidos em toda Itália pelo epíteto de *mangiamaccheroni*.

O tomate, por sua vez, foi introduzido na gastronomia italiana pelos espanhóis, mas logo foi classificado pelos botânicos da época como nocivos à saúde e causadores de males aos olhos e ao cérebro, tendo permanecido por longo tempo como uma curiosidade botânica. Contudo, ainda no século XVII o tomate consegue penetração no âmbito gastronômico espanhol através de uma categoria alimentar de grande importância na época: os molhos – no caso, *la salsa spagnola*[139], ou seja, o molho de tomate. Para acompanhar uma carne cozida ou outra preparação o molho vermelho foi acolhido na cozinha italiana no fim do século XVIII ou início do século XIX.

Todos os indícios levam a crer que o primeiro experimento do molho de tomate sobre a massa deu-se em Nápoles. Um indício desse encontro é que no ano de 1807, num compêndio de *Cucina Casareccia*, ou seja, de comida caseira, de autoria de M.F., publica-se a receita de um macarrão à napolitana, temperado com queijo curado ralado e com um bom caldo de ragu com tomates cozidos frescos ou em conserva.

De fato, essa receita não é característica da alimentação das classes populares. Trata-se de uma receita aristocrática, com temperos refinados. A massa com ragu de vitela não era do alcance da população em geral. Tanto é que a receita "popular" da massa com molho de tomates é citada no anexo da segunda edição do livro de Ippolito

139 A primeira receita de molho de tomate aparece no *Scalco alla moderna*, de Antonio Latini (1692), *apud* MONTANARI, Massimo.

Cavalcanti[140], escrito em dialeto napolitano claramente direcionado às classes populares. Nesse caso, a combinação entre massa/tomate é relatada na receita do molho.

Em alguns anos a prática da massa com molho de tomate se consolida em Nápoles e se expande para toda a Itália. Ainda de acordo com Montanari (2019) [141], uma pesquisa realizada por dois médicos napolitanos em 1863 conclui que "os tomates são o tempero natural das massas e não há dia que não compareçam na mesa da classe média" [142].

Receita do molho de tomates (Pellegino Artusi)[143]

Havia um padre em uma cidade da Romagna que metia o nariz em tudo e, introduzindo-se nas famílias, em cada questão doméstica queria meter o "bedelho". Por outro lado, era um homem honesto e, em função do seu zelo, espalhava mais o bem que o mal, as famílias o aceitavam; mas o povo espirituoso o havia batizado de Don Pomodoro, porque os tomates entram em tudo; portanto, um bom molho desse fruto é na cozinha uma ajuda preciosa.

Faça uma mistura com ¼ de cebola, 1 dente de alho, um pedaço de aipo do tamanho de um dedo, algumas folhas de manjericão e uma quantidade suficiente de salsinha. Tempere com azeite, sal

140 *Cucina Teórico-Prática*, publicado em Nápoles, em 1839, *apud* MONTANARI, Massimo.

141 MONTANARI, Massimo.

142 SPATUZZI, L. A. Somma, Sull'alimentazione del popolo minuto. *In*: *Napoli, Napoli, Stamperia della Regia Università*, 1863 (citato da Gentilcore, La purpurea meraviglia, cit., p. 91), *apud* MONTANARI, Massimo.

143 *La Scienza in Cucina* e *l'Arte de Mangiare Bene*, 1881. Made in USA, Lxington, KY: 05 August, 2017.

e pimenta, corte sete ou oito tomates e leve ao fogo tudo junto. Misture de vez em quando e, logo que o suco esteja condensado como um creme, passe-o na peneira.

Este molho se presta a muitos usos: nas massas com queijo e manteiga, para fazer risoto e tantos outros.

Caponata Siciliana

Há indícios de que a origem da caponata esteja associada à mesa dos nobres, embora na atualidade seja um famoso prato da cozinha pobre.

Mas como era a caponata dos ricos ou nobres e como ela foi revisitada para se adequar à mesa dos menos afortunados?

Bom, a palavra "caponata" parece derivar de *capone*, um peixe agora chamado *lampuga*[144], de carne fina, mas bastante seca, que era servida nos almoços da aristocracia siciliana e temperada com molho agridoce. Em outra versão, o nome "caponata" deriva de *caupone*, local frequentado pelos marinheiros no século XVII que significa "taberna", portanto caponata como comida de taberna.

Na cozinha dos ricos a caponata apresenta notáveis influências espanholas. Sua preparação incluía vários moluscos, inclusive polvo, e sua apresentação era a de uma espécie de sopa de sabores contrastantes, clássicos do século XVII.

O gastrônomo Ippolito Cavalcanti, autor da obra de gastronomia *La Cucina Teorico-Pratica con Corrispondente Riposto*, publicada em Nápo-

144 Conhecido em português com "peixe golfinho".

les em 1839, apresenta sua versão da antiga caponata, que era constituída de pão torrado no vinagre e temperado com azeite, sal, pimenta e um pouco de açúcar, coberto com alface e escarola picadas, marinadas em vinagre, azeite, sal, e finalizada com peixe *capone* ou cavala, cozido com pepinos, azeitonas e pimentas.

Nas cozinhas populares, onde os vegetais eram valorizados por óbvias razões territoriais e econômicas, os peixes eram eliminados e substituídos pela berinjela, lançando assim as bases para a atual caponata. A evolução da caponata como prato popular, com a presença de legumes e não mais peixe, é preparada com berinjelas, alcachofras, vinagre, açúcar, alcaparras, azeitonas e aipo em molho agridoce e com a presença, em muitos casos, de passas e *pinoli*. A preparação pode terminar com amêndoas torradas e picadas ou com o cacau em pó amargo, para enriquecer ainda mais sua história de sabor e tradição. As receitas utilizadas na preparação deste prato são quase sempre reelaborações de uma mesma base, e variam bastante.

Receita

Ingredientes para 4 pessoas:

500g de berinjela, 150g de tomate-cereja, 100g de cebola, 100g de aipo, 4 colheres de sopa de polpa de tomate, 80g de azeitonas verdes (peso líquido sem caroço), 1 colher (sopa) de alcaparras (prefiro as salgadas dessalgadas na água), azeite extravirgem, manjericão, 1 colher grande de açúcar, 2 colheres de vinagre de vinho branco, sal, 50g de pinoli previamente torrados (opcional), azeite para fritar a gosto.

Preparação:

Antes de tudo, limpe os legumes, corte as berinjelas, o aipo e os tomates-cerejas em cubos. Se os tomates forem pequenos, basta dividi-los ao meio.

Em uma panela grande, frite as berinjelas em óleo abundante por 3-4 minutos, apenas o tempo suficiente para dourar. Escorra bem e reserve.

Em uma panela grande, adicione a cebola picada junto com 2 colheres de sopa de azeite extravirgem. Frite por 2 minutos. Adicione o purê de tomate, deixe cozinhar por 1 minuto, adicione o aipo picado.

Em seguida, junte as azeitonas, as alcaparras e os tomates-cerejas. Cozinhe por 3 minutos em fogo baixo.

Adicione as berinjelas fritas, um punhado de manjericão e cozinhe por mais 2 minutos.

Em seguida, adicione a colherada de açúcar, o vinagre e deixe ferver em fogo alto. Complete com a adição de sal e dos pinoli, previamente tostados numa panela durante alguns minutos, se optar por utilizá-los.

Sua caponata está pronta!

Pizza à napolitana

A pizza tem origens muito antigas, ainda que tivesse quase a mesma forma e aparência da pizza de hoje. A palavra "pizza" deriva de *pinsa*, particípio passado do verbo latino *pinsare*, que significa socar, esmagar, portanto o nome deriva de sua forma.

A história da pizza começa em Nápoles durante o século XVII. Ainda sem tomate, branca, temperada apenas com alho, banha e sal grosso, na versão mais barata; ou com *caciocavallo* (queijo cavalo) e manjericão, na mais rica – conhecida como *mastunicola*. O nome está associado a *vasunicola*, ou manjericão, em dialeto napolitano, um dos seus principais ingredientes.

Durante o século XVIII, quando o tomate se casa com ela, aparece a verdadeira, clássica e tradicional pizza napolitana, chamada de *alla marinara*, temperada com alho, azeite, tomate e orégano, sendo o alho mais que abundante, picado, batido e espalhado, depois uma pitada de orégano e duas colheres de sopa de tomate.

No século XVIII, em Nápoles, a pizza era comida principalmente na rua e era preparada por humildes vendedores para uma clientela igualmente humilde, mas com vantagens inigualáveis: nutritiva, apetitosa, barata para quem a vende e para quem a compra, além de ser prática. A partir de meados do século, a pizza era assada nos fornos a lenha das lojas (que muitas vezes também serviam de casa) e vendida em barracas ao ar livre, nas ruas e becos da cidade. Normalmente a venda era feita por um menino equipado com um tipo de fogão na cabeça, no qual carregava as pizzas quentes e as entregava diretamente aos clientes em casa ou na rua, anunciando-se com gritos ruidosos.

Foi na virada do século XVIII para o XIX que o costume de comer pizza começou a se afirmar tanto em casa quanto na rua. É o nascimento e difusão na Campânia da pizzaria da forma como a conhecemos, com as suas características físicas e ambientais inconfundíveis.

Em 1830 nasce a que é considerada a primeira pizzaria em Nápoles, a Antica Pizzeria Port'Alba, na forma de restaurante com mesas e cadeiras. Note-se que a produção de pizzas do estabelecimento teve início em 1738, mas produzia apenas para vendedores ambulantes. No século XIX a pizza já é conhecida como saborosa especialidade napolitana, apreciada por artistas e nobres atraídos à cidade para degustá-la.

Elisabetta Vani (2016)[145] relata que

> [...] Em 1889, o rei Umberto de Savóia chega a Nápoles com a rainha Margherita, que havia ouvido falar da famosa pizza napolitana e desejava prová-la. Por esse motivo é chamado à corte o pizzaiolo mais famoso com sua mulher: Raffaele Esposito e dona Rosa. O rei então pede ao cozinheiro para provar que sua fama era merecida. O casal Esposito prepara para o rei três tipos de pizza: uma branca com manjericão, uma de alcaparras, anchovas e alho (hoje conhecida como marinara) e uma com tomate, muçarela e manjericão. Esta última agradou muito a rainha, talvez também pelas cores, iguais às da nação recém-criada.
> Em função do entusiasmo que a rainha manifestou ao provar a pizza escolhida, Dom Esposito resolveu chamá-la "pizza alla Margherita" em sua honra.

Até o início do século XX as pizzas e as pizzarias permaneceram um fenômeno estritamente napolitano que aos poucos se difunde por toda a Itália. No norte da península, a pizza se difunde apenas no primeiro pós-guerra. Depois, com o fenômeno da emigração, o

145 VANNI, Elisabetta. *Curiosità, Leggende e Aneddoti in Cucina*. Ricette Italiane.

consumo do alimento difunde-se também no exterior, caindo no gosto da população de vários outros países.

O preparo da verdadeira pizza napolitana deve obedecer a alguns requisitos básicos. A massa deve ser feita somente com farinha, água, sal e fermento. A farinha deve ser de grão macio e o tempo de fermentação da massa deve ser de pelo menos 8 horas em duas fases distintas. A massa deve ser estendida usando-se apenas as mãos e nunca um "rolo de macarrão". A forma para assar a massa deve ser redonda, com um diâmetro variável que não deve ultrapassar 35cm.

Como cobertura pode-se utilizar o tomate fresco, a muçarela de búfala, o azeite extravirgem, o manjericão fresco e o orégano seco.

O cozimento da pizza napolitana deve ser feito no forno a lenha, a temperatura variável entre 430 e 485° C, por um período que oscile entre 60 a 90 segundos. A lenha utilizada não deve fazer fumaça ou cheiro que possa modificar o gosto.

A pizza pronta não deve apresentar bolhas ou queimaduras. A cor é dourada e o perfume é aquele característico do pão. A parte central deve estar macia para que se possa pegá-la sem que se despedace.

Como se vê, para provar a melhor pizza de todas deve-se ir a Nápoles, mesmo porque sempre vale a pena.

Espaguete all'amatriciana

Segundo alguns pesquisadores, o molho all'amatriciana tem origem numa aldeia chamada Grisciano, situada na província de Rieti, no

Lácio, e era conhecido pelo nome de *gricia*, um tempero para massa que consistia num refogado de *guanciale*[146], azeite e cebola, acrescido de queijo pecorino ralado. *Gricia* era, e ainda é, conhecida como *amatriciana* sem tomate, embora se diferencie em alguns ingredientes.

Como o tomate foi incorporado à *gricia* e se tornou *amatriciana*? Na segunda metade do século XVIII, a cultura do tomate se difunde amplamente na Península Itálica com o reconhecimento das qualidades organolépticas do fruto. Partiu da aldeia de Amatrice, também situada na província de Rieti e produtora de tomate, a iniciativa de incorporar o tomate à *gricia* e batizar o molho com o nome da aldeia.

Como produtores – não só de tomate, mas também de carne suína –, vários moradores de Amatrice se instalaram em Roma para comercializar seus produtos, tornando-se estalajadeiros na cidade, o que fez com que o termo "*amatriciano*" passasse a se identificar com a cozinha romana mesmo tendo origem em outro lugar. Dessa forma, o molho *all'amatriciana* foi erroneamente considerado uma especialidade romana.

O Museu de Artes e Tradições Populares de Configno, uma pequena aldeia no entorno de Amatrice, tem uma seção dedicada às origens do macarrão *all'amatriciana*, com máquinas originais para fazer massa, ferramentas, tachos, panelas e utensílios antigos para cozinhar o famoso prato.

Na receita tradicional, o molho *amatriciana* STG[147] é composto por: *guantiale* em pedaços salteados e esfumados com vinho branco seco, tomate de boa qualidade ou, como alternativa, tomate pelado, tam-

146 Bochecha de porco.
147 Sigla que significa especialidade tradicional garantida.

bém de qualidade, queijo pecorino, azeite extravirgem, pimenta malagueta fresca ou seca, sal e pimenta do reino.

O tipo de *pasta* a ser utilizada para a receita da tradicional *amatriciana* STG de Amatrice é estritamente necessário que seja o espaguete. A própria cidade de Amatrice ostenta o título de "Cidade do Espaguete all'amatriciana", título que vem estampado nas placas de boas-vindas, que recebem os visitantes ao entrar na cidade.

Contudo, registra-se significativo número de variantes da receita tradicional. Como já foi ressaltado, embora originária de Amatrice, a receita espalhou-se por Roma e todo o Lácio, tornando-se um dos pratos tradicionais da capital e da região. A amatriciana romana é preparada em diferentes variações, dependendo também da disponibilidade de alguns ingredientes. Embora todos concordem com o uso do *guanciale*, o tomate não é mencionado em alguns manuais. A cebola não é usada em Amatrice, mas é relatada nos manuais clássicos da culinária romana.

> Nos territórios romanos, além da cebola, o alho salteado também é usado antes de adicionar o bacon em substituição ao *guanciale*, enquanto o pecorino romano é usado mais frequentemente como queijo em vez do pecorino amatriciano. O uso de pimenta preta em vez de pimenta calabresa também é atestado. Como tipo de massa, os romanos usavam o *bucatini*. Às vezes, *rigatoni* e *tonnarelli* também são usados.[148]

A amatriciana está presente também na cozinha judaico-romana. Na preparação, não se usa pecorino ou outro tipo de queijo; usa-se azeite de oliva, e a carne-seca substitui a bochecha de porco.

148 Disponível em: https://www.taccuinigastrosofici.it.

Receita para 4 pessoas

Ingredientes:

320g de bucatini ou espaguete, 150g de bochecha de porco (guanciale) ou bacon, 400g de tomate pelado, 80g de pecorino romano, ½ xícara de vinho branco seco, 1 pimenta malagueta fresca, azeite extravirgem, sal.

Preparação:

Primeiro coloque em uma frigideira o guanciale ou bacon cortado em tiras (pequenos retângulos iguais não muito finos) junto com um pedacinho de pimenta. Aqueça-os em fogo alto (sem adicionar azeite) até que estejam crocantes e dourados, mas não queimados, e tenham liberado toda a gordura.

Em seguida, escorra os pedaços de bacon enxugando-os com papel-toalha e reserve. Na frigideira com a gordura deixada pelo bacon, adicione a pimenta e coloque mais 2 colheres de azeite. Deixe aquecer e adicione o vinho branco, espere evaporar e acrescente os tomates pelados cortados em pedaços pequenos. Em seguida, deixe cozinhar em fogo moderado por cerca de 15 a 18 minutos. Por último, acrescente o sal.

Enquanto isso, adicione a água do macarrão com sal. Rale o pecorino e, por fim, cozinhe a massa por cerca de 4 minutos (só precisa amolecer).

Retire o macarrão da panela (sem jogar fora a água do cozimento) e coloque-o diretamente na frigideira com o molho de tomates e 3 a 4 colheres de sopa da água na qual foi cozida a massa.

Deixe que a massa complete seu cozimento na panela, ou seja, *misturando-a com a água do cozimento até deixá-la cremosa.*

Quando estiver pronta, acrescente o queijo pecorino ralado, misture tudo com o fogo apagado e acrescente o bacon crocante.

Se sobrar, você pode aquecê-lo para o dia seguinte com 1 colher de sopa de azeite ou fazer uma fritada de massa saborosa!

Bisteca à florentina

A lenda do nome *bistecca* conta que em 1565, por ocasião de uma festa em Florença, na Piazza San Lorenzo, um boi no espeto estava sendo distribuído às pessoas da praça. Entre o povo havia alguns turistas ingleses que, ao verem aquelas fatias de carne, se encantaram com a delicadeza do prato e começaram a gritar com entusiasmo na multidão "Beef steak! Beef steak!", para serem servidos novamente. Desde então, o povo florentino teria imediatamente italianizado essa palavra em "bi-stick" ou "bi-stecca".

Segundo alguns pesquisadores, no entanto, o bife teria se difundido na Itália apenas durante o século XIX, novamente graças aos britânicos, que se estabeleceram na Toscana, acostumando os açougueiros a obter um corte específico de carne, feito através do lombo.

Após a unificação da Itália, o nome se espalhou pelo país e o gastrônomo e escritor Pellegino Artusi contribuiu para torná-lo um clássico.

Hoje o termo "bife" designa mais uma forma de cozinhar do que um corte preciso de um animal abatido.

O verdadeiro bife florentino é cortado no lombo de vitela da raça Chianina. Tem um osso em forma de T no centro, com o filé de um lado e o contrafilé do outro, e tem uma altura de cerca de 3 centímetros.

Preparação:

A carne é colocada numa gelha suspensa sobre uma brasa obtida a partir da madeira do carvalho e outras madeiras perfumadas da mata mediterrânica.

O bife só precisa ser virado uma vez e deve cozinhar por 3-5 minutos de cada lado. Quando cozida com perfeição, a carne deve estar rosada quando cortada e a gordura crocante. O sal, a pimenta moída e o azeite devem ser colocados em cima do bife depois de cozido e depois de ser apresentado no prato.

Espaguete à carbonara

Para alguns, o carbonara nasceu em 1944 do encontro entre a massa italiana e os ingredientes da ração K[149]. Subindo a península, os militares americanos consumiam gema de ovo em pó e bacon acompanhados de espaguete para complementar a dose de carboidratos. Uma curiosidade: o inventor da ração K é justamente aquele Ancel Keys, que, anos depois, teria "descoberto" a dieta mediterrânea.

Uma segunda hipótese atribui sua autoria aos carvoeiros dos Apeninos (*carbonari*, em dialeto romano), que o preparavam com ingredientes facilmente disponíveis e conservados. Carbonara, neste caso,

149 Uma ração de combate, ou ração de previsão, é uma comida empacotada para ser facilmente preparada e consumida pelas tropas no campo de batalha.

seria a evolução do prato chamado *cacio e uova*, originário do Lácio e Abruzzo.

Uma última hipótese traria a gênese da receita de volta à cozinha napolitana, identificando uma possível origem do prato no *Tratado de Cozinha Teórico-Prática*, de Hippolito Cavalcanti, de 1837.

Origens à parte, os ingredientes e mandamentos da carbonara como hoje a preparamos foi uma conquista recente, feita de tentativas, erros e subtrações, que retiraram o supérfluo para isolar *pancetta*, ovo, pimenta e pecorino, no signo da simplicidade que distingue outro ícone: o espaguete com molho de tomate.

Todos os anos, no dia 6 de abril, é comemorado o dia dedicado a um dos pratos mais amados, quando puristas e inovadores são chamados a compartilhar sua "carbonara perfeita" nas redes sociais com as *hashtags* #CarbonaraDay e #MyCarbonara.

O Carbonara Day é o maior "espaguete social" do mundo dedicado à receita da massa mais amada e compartilhada. Note-se que o #CarbonaraDay atingiu um público potencial de mais de 1 bilhão de pessoas, tornando-se um evento imperdível para influenciadores de alimentos, mídia, *chefs* e entusiastas que desejam compartilhar opiniões sobre este prato.

Para os puristas só existe uma forma de fazer e 5 ingredientes canônicos: massa, bacon, pecorino, ovo, pimenta. Os inovadores, por outro lado, acreditam que, como a massa é um prato versátil, não deve haver limites para as reinterpretações dessa receita. A verdade está no meio: não existe carbonara perfeita, mas sim a "perfeita para mim",

#MyCarbonara, na verdade. Desde que, claro, o toque do autor respeite o espírito da receita original.

No carbonara o ovo confere cremosidade e sabor *umami*; o bacon, a crocância; o queijo, o sabor; a pimenta, a nota picante. E a massa acompanha, esse jogo de contrastes, dando profundidade a esses sabores. O bacon cortado em tiras finas é mais crocante e saboroso do que o cortado em cubos, que é mais macio e mais importante na mastigação. A porcentagem de gordura é fundamental para a alma do carbonara, pois, se bem cozida e dourada, confere-lhe um sabor incisivo. Quanto ao queijo, o pecorino puro é mais saboroso, enquanto a mistura de queijo de ovelha e leite de vaca (pecorino mais parmesão) torna o prato mais envolvente e macio, adequado para mais paladares.

Quanto às massas, o espaguete e o *rigatoni* são bem-vindos, embora com resultados diferentes. No caso do espaguete, o molho envolve-o quase como se fosse uma massa de ovos, enquanto a massa curta consegue "capturar" o molho e o bacon, que, neste caso, tornam-se parte integrante do prato, enquanto que no espaguete serve quase como um acompanhamento.

Antes de chegar à sua receita "perfeita", cada um passou por várias tentativas, muitas vezes até sem sucesso. As receitas mudam com o tempo porque os contextos mudam, os ingredientes mudam, e o carbonara está sempre evoluindo e já existem muitas variações. É um prato mais moderno que o tradicional. A tradição do carbonara sempre se renova, embora para muitos o único verdadeiro carbonara seja aquele com o *guanciale*.

A receita que se segue está dentro do espírito do #My Carbonara (o carbonara perfeito "para mim")[150].

> *Carbonara é uma massa estressadinha. Simples demais, poucos ingredientes... O segredo é ter o "mise en place" na agulha.*
>
> *1. Colocar água salgada para ferver em abundância.*
>
> *2. Colocar pancetta, ou toucinho, em cubinhos derretendo em fogo baixo.*
>
> *3. Preparar creme de ovos para 400g de massa: 100g de parmigiano ralado grosseiramente com 2 gemas e um ovo, sal e pimenta-do-reino.*
>
> *4. Colocar à parte os cubinhos de bacon e deixar na panela só a gordura.*
>
> *5. Depois da massa cozida, colocar 2 conchas da água do cozimento na panela e, em seguida, a massa escorrida.*
>
> *6. Juntar o creme de ovos rapidamente e mexer ensandecidamente até incorporar. Não pare nem um segundo!*
>
> *7. Por cima coloque os croutons de bacon.*
>
> *8. Sirva. Ufa!*

Risoto à milanesa

Por que um risoto de açafrão é chamado de "à milanesa"? Conta a lenda que essa iguaria nasceu depois de meados do século XVI, quando um artesão que trabalhava nos vitrais da Catedral de Milão

150 #MyCarbonara, de Vania Filippo Affonso, membro do grupo Cozinha do Confinamento: https://www.facebook.com/groups/.

casou-se com a filha de um mestre vidreiro. Para impressionar os convidados do banquete de casamento, o engenhoso noivo pintou o risoto com um pouco de açafrão que ele costumava utilizar na preparação das cores.

A verdade é que o grande Giuseppe Verdi[151] teve significativa participação na difusão do risoto à milanesa, divulgando-o na mais requintada cozinha europeia. Foi o próprio Giuseppe quem fez amigos italianos e estrangeiros provarem a verdadeira receita culinária, mais tarde chamada *alla Verdi*.

Ao longo da história, o açafrão teve os usos mais díspares: para perfumar, tingir tecidos, pintar, tratar certas doenças, colorir alimentos e dar sabor aos mesmos.

Com a queda do Império Romano, a popularidade do açafrão diminuiu e seu cultivo sobreviveu no Oriente, no Império Bizantino e nos países árabes. Por volta do ano 1000 foram os próprios árabes que reintroduziram seu cultivo na Europa através da Espanha. Na Itália, o cultivo do açafrão está documentado desde o século XIII (Toscana, Úmbria, Abruzzo, Sardenha).

Ao açafrão foram atribuídas virtudes afrodisíacas já na época clássica por, supostamente, ser capaz de aumentar a atividade sexual dos machos e aumentar o desejo das fêmeas.

151 Giuseppe Fortunino Francesco Verdi, compositor e senador italiano, considerado por muitos como o responsável pela composição das maiores óperas de todos os tempos.

Na cozinha medieval e renascentista, o açafrão era utilizado não só pelo seu aroma, mas também pela sua cor semelhante ao ouro, como antídoto contra todos os males.

Antigamente, possuir açafrão era uma verdadeira prova de riqueza. Para obter um quilo de estigmas, você precisa de duzentas mil flores, proeza que, muitas vezes, constituía um dote que algumas mães faziam para suas filhas. Ainda hoje, em algumas áreas do sul da Itália, há uma tradição segundo a qual o leito nupcial é polvilhado com flores de açafrão para desejar felicidade aos noivos.

Receita

Ingredientes:

400g de arroz vialone nano, 1 litro de caldo de carne, ½ copo de vinho branco seco, 40g de manteiga, 60g de queijo gana padano, 30g de cebola e 0,5g de açafrão em pistilos.

Preparação:

Frite a cebola em 20g de manteiga, adicione o arroz e cozinhe em fogo médio-alto por 2-3 minutos, mexendo delicadamente, mas com frequência. Em seguida, adicione o vinho branco e deixe evaporar. Próximo passo: adicione 3 conchas de caldo fervente, misture delicadamente e não toque até a próxima adição de caldo. Na metade do cozimento junte os pistilos de açafrão dissolvidos numa concha de caldo fervente. Desligue o fogo quando o arroz ainda estiver ao dente e a consistência ainda bem líquida, adicione 20g de manteiga e o queijo parmesão e misture vigorosamente por 20-30 segundos, depois deixe o risoto descansar por 1 minuto e só depois sirva.

Dicas de degustação sensorial[152]

Você quer fazer um risoto impecável a qualquer custo, sem imprecisões irritantes ou imperfeições espinhosas? Nesse caso, um dos aspectos importantes a serem observados é a prévia torrefação ou "selagem" dos grãos de arroz, importante técnica culinária aplicável com muita frequência em diversas preparações da culinária moderna.

Por que a aplicação dessa técnica? É realmente necessária? Sim, realmente é para que o arroz "meticulosamente" preserve todas as suas características e qualidades durante o cozimento.

Como proceder então para alcançar o resultado desejado? Antes de tudo, pegue uma panela adequada - melhor se for feita de material adequado de boa qualidade -, de preferência baixa e larga. Unte o recipiente com pouquíssimo azeite ou manteiga e, logo em seguida, usando papel de cozinha, "seque" pacientemente o excesso de gordura para que o arroz não "frite". Quando a panela colocada no fogo estiver bem quente, despeje o arroz escolhido para o preparo e, mexendo sempre com uma colher de madeira, sele o arroz, que nada mais é do que uma espécie de "vedação" dos grãos. Ao fazer isso, o grão branco será capaz de enfrentar o cozimento prolongado sem dores de cabeça. Na verdade, toda a operação descrita ocorre por alguns minutos (aproximadamente), reiterando que é muito importante manter o arroz misturado para que não grude no fundo da panela. Depois de tostado, retire-o do recipiente e, sobre ele, junte os ingredientes e os vários aromas que pretende utilizar para fazer a base escolhida, dando início à preparação do prato.

152 Disponível em: https://www.taccuinigastrosofici.it.

Espaguete à putanesca

A origem do espaguete à putanesca tem sido objeto de muita controvérsia entre os estudiosos do assunto e acabou se tornando um enigma.

Alguns afirmam que a receita foi criada em Nápoles pelo dono de uma casa de tolerância, no Bairro Espanhol, que costumava oferecer a iguaria aos clientes do estabelecimento aproveitando sua rapidez e facilidade na preparação. Outros acreditam que o nome "*alla puttanesca*" tenha sido inspirado nas cores vivas das roupas íntimas das moças que trabalhavam na noite, associando tais cores ao molho homônimo: o verde da salsa, o vermelho dos tomates, o roxo escuro das azeitonas, o cinza esverdeado das alcaparras e o tom granada das pimentas. Uma outra versão dá conta de que a iguaria pode ter sido batizada por uma criativa prostitua francesa, de nome Yvette, para homenagear a profissão mais antiga do mundo.

Uma interpretação diferente é dada por Francesconi[153], quando afirma que

> ... esse macarrão, embora mais rico que seus parentes, era chamado de "alla marinara". Mas, logo após a Segunda Guerra Mundial, em Ischia, o pintor Eduardo Colucci, não sei como nem por quê, rebatizou-o com o nome pelo qual é geralmente conhecido hoje.

Elisabetta Vanni (2017)[154] cita a versão segundo a qual a massa à putanesca teria nascido na propriedade de Sandro Petti, de nome

153 FRANCESCONE, Jeanne Carola, no livro *La Cucina Napoletana, apud* https://www.taccuinigastrosofici.it.

154 VANNI, Elisabetta. *Curiosità, Leggende e Aneddoti in Cucina*. Ricette Italiane, 2017.

Rancio Fellone, na ilha de Ischia. Consta que alguns clientes teriam chegado tarde da noite no restaurante e pediram a Petti, que no momento tinha poucos ingredientes na casa, que lhes preparasse "uma *puttanata* qualquer", e ele preparou um prato inventado na hora. Petti juntou o espaguete a um molho improvisado com ingredientes clássicos da região que nunca faltam: tomate, azeite, alho, anchovas, alcaparras, azeitonas pretas e pimenta. Então, em Ischia teria nascido o espaguete à *puttanesca*.

Receita

Ingredientes para 4 pessoas:

320g de espaguete, 800g de tomate pelado, 25g de filés de anchova, 25g de alcaparras, 100g de azeitonas pretas, 1 maço de salsa, 3 dentes de alho, 2 pimentas secas, 30g de azeite extravirgem, sal a gosto

Preparação:

Lave as alcaparras em água corrente para tirar o excesso de sal, depois seque e pique grosseiramente com uma faca. Pegue as azeitonas sem caroço e amasse com a lâmina da faca.

Lave, seque e pique a salsa. Leve ao fogo um recipiente cheio de água com sal para cozinhar a massa. Numa panela grande, deite o azeite, os dentes de alho inteiros descascados, a malagueta seca picada e as anchovas.

Adicione também as alcaparras dessalgadas. Refogue em fogo médio por 5 minutos, mexendo sempre, para que as anchovas derretam e todos os aromas sejam liberados. A essa altura, despeje os tomates pelados levemente amassados, misture com uma colher e cozinhe por mais 10 minutos em fogo médio. Enquanto isso, cozinhe o espaguete al dente.

Quando o molho estiver pronto, retire os dentes de alho e adicione as azeitonas esmagadas. Tempere o molho com a salsa fresca picada.

Quando a massa estiver al dente, escorra-a diretamente para a panela e refogue por meio minuto, apenas o tempo suficiente para misturar todos os sabores. O espaguete alla puttanesca está pronto para servir bem quente!

Nhoque de batata

O nhoque – em italiano, *gnocco*; ou no plural, *gnocchi* – tem origem antiga e provavelmente deriva do *knohhil* lombardo, que indica o nó da madeira. Prato pobre, raramente encontrou lugar nos livros de culinária *gourmet* da alta cozinha. Feito de farinha misturada com água ou no máximo com ovos, em forma de cilindro pequeno e curto, cozido e temperado com molho ou manteiga e queijo, se afirmou como um prato tradicional da cozinha veneziana, emiliana e piemontesa. Até o início do século XIX, todos os nhoques, como o famoso *zanzarelli*, eram preparados à base de farinha de trigo e farinha de rosca

A batata, originária dos Andes, foi levada para a Europa no século XVI por Francisco Pizarro em seu retorno da conquista do Peru. Apesar da curiosidade botânica dos cientistas, a acolhida da batata na Europa foi bastante morna e houve quem declarasse que o tubérculo era "sem gosto".

Na Itália a batata já era cultivada desde 1591, mas no século XVII Ferdinando II de Médici[155] procurou difundir o consumo desse tubérculo e, entre os séculos XVIII e XIX, grandes personalidades, agrônomos e cientistas, empregaram suas energias para o mesmo propósito.

Assim é que, a partir de 1880, principalmente na Itália, as farinhas foram substituídas pela batata no preparo do nhoque.

Vincenzo Corrado (1734-1836), em seu livro *Cuoco Galante* (1801), traz a primeira receita italiana de nhoque de batata.

No final do século XIX o nhoque da pobre cozinha italiana passou para a cozinha burguesa, como testemunha Pellegino Artusi em seu *Ciência na Cozinha e a Arte de Comer Bem* (última edição 1910). Porém, o autor chama a atenção para o fato de que "a família do nhoque é numerosa, há os de batata e farinha amarela para sopa, os de sêmola e à romana e os de leite para a sobremesa".

Depois de Artusi, o nhoque de batata tornou-se um clássico da cozinha e gastronomia italianas com o desenvolvimento de uma grande variedade de temperos e a eventual inclusão de molhos, desde os de carnes a molhos de vegetais.

155 Ferdinando II de Medici, filho de Cosimo II de Medici e Maria Maddalena d'Asburgo, foi o quinto grão-duque da Toscana, de 1621 a 1670, ano de sua morte.

Receita

Ingredientes:

1kg de batatas, 400g de farinha, 100g de manteiga, 1 colherinha de canela, 4 colheres de parmesão ralado, sal.

Preparação:

Cozinhar as batatas inteiras com a casca em água salgada. Escorrer quando estiverem macias, prestando atenção para não cozinhar demais. Despelar as batatas ainda quentes e espremê-las com um espremedor de batatas sobre o lugar de trabalho. Juntar 300g de farinha e uma pitada de sal e trabalhar com as mãos, misturando os ingredientes até obter uma massa macia e não pegajosa. Se necessário, acrescente um pouco de farinha a mais. Divida a massa em 8 partes e forme rolinhos de cerca de um dedo de espessura. Corte cada rolinho em pedaços de cerca de um centímetro e meio e polvilhe farinha sobre eles. Usando o dedo médio, pressione cada pedacinho delicadamente sobre o verso de um ralador para dar o aspecto característico do nhoque.

Derreta a manteiga numa frigideira grande, acrescente a canela e forme um caldo. Cozinhe poucos nhoques de cada vez em abundante água salgada e escorra-os quando vierem à superfície. Juntá-los à frigideira com a manteiga e a canela. Completar com o parmesão, misturar delicadamente e servir.

A finalização do preparo dos nhoques pode ser de outras maneiras, como acompanhá-los com um suculento ragu à napolitana ou à bolonhesa (muito tradicional), outros molhos, fritos e o que mais a imaginação sugerir.

Pesto genovês

O principal ingrediente do *pesto* genovês, o manjericão, é a erva aromática considerada por muitos a mais perfumada, mais bela, mais fresca e agradável. O manjericão "possui fortes notas quentes de especiarias – cravo, canela, anis, estragão – combinadas com notas herbáceas e de menta que se destacam principalmente quando é processado em grandes quantidades para *pesto*"[156].

Essa erva, rainha da cozinha mediterrânea, já era bastante difundida na Itália do século XVI. Seu nome em italiano, *basilico*, deriva do grego "basileus", que significa "erva do rei", pois é considerado um dos aromas mais importantes da antiguidade. Para os egípcios, era considerada uma planta sagrada e para outros povos, como os gregos e romanos, suas folhas possuíam propriedades terapêuticas e até mesmo afrodisíacas.

Várias lendas estão ligadas ao manjericão. Uma refere-se à imperatriz Helena, mãe do imperador Constantino (século IV d.C.), que encontrou a planta no local da crucificação de Cristo e depois a espalhou por todo o império. Outra é citada no *Decameron*, por Boccaccio, quando na quinta estória, quarto dia, ele relembra a figura de Lisabetta de Messina, que guardava a cabeça de seu amante, decapitada por seus irmãos, em uma jarra de manjericão regada com suas lágrimas.

Também fundamental no preparo do famoso *pesto* genovês é o pilão de madeira ou de mármore, considerado o instrumento ideal para se fazer molhos com ervas frescas. Consta que o pilão já era utiliza-

156 Disponível em: https://www.taccuinigastrosofici.it/.

do por Apício, que deixou vestígios do *moretum*, receita de queijo com ervas: "o agricultor Simulo recolhe o alho, descasca os dentes, esmaga-os num pilão com arruda, talos de aipo, folhas de coentro e queijo salgado e bastante endurecido. Obtém-se uma mistura rugosa e homogénea graças à adição de azeite e vinagre"[157].

O *pesto* possivelmente é derivado da *agliata* medieval, um molho, que data de 1200, à base de alho amassado com vinagre, azeite e sal e servia para melhor conservar os alimentos. Já na baixa Idade Média podemos encontrar vestígios de preparações que antecipam o espírito do *pesto* genovês, como é o caso do mestre Martino de Como que, no século XV, anuncia uma receita para acompanhar macarrão que usa queijo parmesão, fermento não muito seco e rúcula picadinha, configurando um *pesto*[158]. Esta é a primeira receita na qual o queijo e uma erva fortemente perfumada se associam. O manjericão não era usado na cozinha na Idade Média.

Existem dois tipos básicos de *pesto* genovês: o *pesto* do *ponente*, ou ocidental, e o *pesto* do *levante*, ou oriental. No primeiro caso, o molho é mais simples e enérgico. No segundo, apresenta menores proporções de alho e a presença de ingredientes como *pinoli*, que o suavizam.

Um exemplo da receita do pesto do *ponente* é publicada na *Vera Cucina Genovese* por Emanuele Rossi, em 1852, que escreveu:

> Coloque três ou quatro dentes de alho limpos em um pilão, algumas folhas de manjericão fresco ou manjericão conser-

157 Giovanni Fancello. Especialista e professor da história da gastronomia da Sardenha *apud* https://www.taccuinigastrosofici.it/.

158 O adjetivo *pesto* nomeia a mistura de vários ingredientes triturados em um pilão.

vado em óleo, um pouco de queijo holandês e parmesão, ralados e misturados, e soque tudo até reduzir a uma pasta que você vai misturar com bastante azeite. A lasanha, o *taglierini* e o nhoque serão temperados com este *pesto*, juntando primeiro algumas colheres de água fervente em que a massa foi cozida, de modo a tornar o molho mais líquido.

Na primeira receita de *pesto* de alho, manjericão e *pinoli* (identificada com o *pesto* do *levante*), conforme relatado no texto da *Vera Cuciniera Genovese*, é preparado com queijo holandês e não é mencionado o pecorino da Sardenha, que só fez parte do molho mais tarde, nos tempos modernos, quando a receita foi codificada.

Receita

Ingredientes:

3 a 4 dentes de alho descascados, 1 pitada de sal marinho, 2 colheres (de sopa) de pinoli, 1 maço de manjericão fresco, 1 colher (sopa) de queijo parmesão ralado, 1 colher (sopa) de queijo pecorino ralado e ½ xícara (chá) de azeite de oliva extravirgem.

Preparação:

Coloque o alho, o sal e os pinoli em um almofariz e macere com um pilão (ou em um liquidificador, porém ligue e desligue para que o molho não fique aquecido).

Acrescente as folhas de manjericão sem os cabinhos, lavadas e enxutas.

Continue a macerar até obter uma pasta homogênea e perfumada; em seguida, coloque os queijos e regue com o azeite, macere mais *algumas vezes até o molho ficar bem misturado.*

Coloque em um recipiente e cubra com azeite.

Conserve na geladeira ou freezer.

Cozinhe a massa em abundante água fervente temperada com sal marinho e sirva com o pesto e uma colher de manteiga, sem aquecê-lo (ele pode ser diluído com um pouco da água do cozimento da massa).

Se desejar, aqueça o prato antes de colocar a massa.

Ragu à napolitana

A palavra "ragu" deriva de *ragout*, prato francês posterior à Idade Média, que é um ensopado com legumes, geralmente feito com carne de carneiro. O termo francês *ragout* vem do adjetivo *ragoutant*, que significa tentador ou apetitoso.

Desde sempre o ragu referia-se a preparações nas quais a carne é submetida a um cozimento longo (5 ou 6 horas). Isso se explica pelo fato de que no passado as carnes eram muito duras, geralmente provenientes de animais velhos que não serviam mais para o trabalho no campo.

Dentre as variantes desse tipo de preparação, destacam-se duas como as mais conhecidas e tradicionais da cozinha italiana: o ragu à napolitana e o ragu à bolonhesa.

Don Peppino, em *L'oro di Napoli*, escreveu um famoso poema em prosa para o ragu à napolitana, iguaria servida tanto como tempero para massas quanto como prato principal[159]: "Desde as primeiras horas da manhã um suave vapor sai dos tachos de terracota em que a cebola fica loura e o raminho de manjericão colhido no parapeito da janela exala as suas nobres essências". Assim começa o poema de Don Peppino dedicado ao molho incomparável com o qual é temperado o verdadeiro coração do banquete em Nápoles: a massa.

O ragu napolitano é um molho que tem uma longa história e que sofreu considerável evolução ao longo do tempo, sendo considerado uma derivação de um prato da cozinha popular medieval francesa que tinha o nome de *daube de boeufe*, um guisado de carne misturado com legumes e cozido por muito tempo em recipiente de barro. Este prato parece datar do século XIII ou XIV.

De acordo com a gastronomia histórica, esse tipo de preparação começou a aparecer na cozinha napolitana a partir do século XVIII, mas como um rico prato de cantina feito com carne de vaca ou vitela, ainda sem tomate. Vincenzo Corrado já fala sobre isso em seu livro *O Cozinheiro Galante*, que remonta à primeira metade do século XVIII. Ippolito Cavalcanti também fala do ensopado nas primeiras edições de seu *Cozinha Teórica e Prática*, publicado na primeira metade do século XIX, mencionando, pela primeira vez, o macarrão temperado com o *stufato*[160] e queijo ralado. Em edições posteriores, por vezes, Cavalcanti fala do molho de ensopado com o nome de "caldo vermelho", sem, no entanto, mencionar explicitamente o tomate entre os ingredientes culinários do prato. Por fim, em uma das últimas edições, ele menciona pela primeira vez a palavra "ragu", referindo-se ao macarrão no seguinte contexto: "... você vai misturá-los em uma terrina com 12 onças de queijo parmesão ralado e molho

159 Disponível em: https://www.taccuinigastrosofici.it.

160 Ensopado.

de carne ou caldo de ragu". Mas mesmo neste caso não especifica se o tomate entra ou não.

Coube a Carlo Dal Bono falar do uso do tomate no ragu, talvez pela primeira vez, na sua obra *Usi costumi di Napoli*, de 1857, ao descrever os macarrões servidos nas tabernas.

Durante o período fascista, o regime tentou "italianizar" o termo, visto como não puramente italiano e, portanto, não condizente com o vocabulário fascista, transformando-o em *ragutto*.

Originalmente, era o prato principal no domingo, pois o molho era usado para temperar a massa, e a carne era consumida como segundo prato. Os tipos de carne utilizados na preparação do ragu napolitano são numerosos, e podem variar segundo a localidade. Além disso, a carne não é picada, mas cozida em pedaços grandes, de 500g até 1 kg, cortados como um grande bife. Em alguns casos são recheados com vários ingredientes (passas, queijo, salame ou banha, noz-moscada, salsa) e amarrados com um barbante. É comum utilizar-se também carne de porco junto com a carne de boi.

Tradicionalmente, o preparo do ragu começa cedo pela manhã, pois o molho deve engrossar bastante, cozinhando em fogo baixo, até ficar com uma consistência bem cremosa, antes de poder temperar com dignidade uma boa massa. Em muitas variações do ragu napolitano, uma colher de concentrado de tomate também é usada.

Atualmente, um molho de tomate no qual a carne é cozida é chamado de ragu. Originalmente, era cozido em forno a carvão e seu cozimento durava pelo menos seis horas.

A panela em que deve ser cozido é uma panela grande e baixa de barro, e para mexer você precisa da colher de pau. O ragu napolitano é o prato típico de domingo e a base para outros pratos igualmente saborosos, como a típica lasanha napolitana.

Receita

Ingredientes:

1kg de vitela, 2 cebolas médias, 2 litros de polpa de tomate, uma colher de sopa de massa de tomate, 200ml de azeite, 6 costelinhas de porco, ¼ litro de vinho tinto de boa qualidade, manjericão e sal a gosto.

Preparação:

É aconselhável prepará-lo no dia anterior, colocando a carne na panela com as cebolas cortadas em rodelas finas e o azeite. A carne e a cebola devem dourar juntas: a primeira fazendo sua crosta escura e a segunda deve murchar aos poucos sem queimar. Para obter esse resultado, você deve permanecer no fogão, pronto para mexer com a colher de pau e despejando o vinho à medida que evapore. Quando a carne estiver com uma bela cor dourada, adicione a colher de concentrado de tomate na panela e em seguida o molho de tomate. Tempere com sal e cozinhe em fogo muito brando. O ragu deve, como se diz em Nápoles, «pippiare", palavra onomatopeica que descreve bem o som do ragu que mal deve ferver. Nesse ponto, você cobrirá a panela com uma tampa, sem fechá-la completamente. O ragu deve cozinhar por tempo variável, podendo atingir até 6 horas de cozimento. Mexa de vez em quando, tomando cuidado para não grudar no fundo.

Ragu à bolonhesa

A origem dessa iguaria é muito antiga, possivelmente proveniente da época do Império Romano. Mais tarde os gauleses teriam reelaborado a receita dando-lhe o nome de *ragout*, que significa "despertar o apetite". Esse prato remete à Idade Média e tinha presença constante nas mesas das ricas famílias dos "Senhores".

Trata-se de um molho saboroso, denso e encorpado, à base de carne e tomate. Essencial, a nível internacional, é o uso do ragu de carne associado ao molho bechamel na preparação da lasanha. A fama do ragu à bolonhesa, além de universal, é secular.

Historicamente o ragu era consumido como segundo prato e era normalmente incluído nos menus militares por ser um molho tão encorpado que era considerado como prato principal, comido com a ajuda de pão e garfo.

O uso desse condimento associado às massas é um hábito que se afirmou tardiamente nas mesas italianas. Apenas em 17 de outubro de 1982 o procedimento de preparação do ragu clássico bolonhês foi oficializado através do registro de sua receita na Camera di Commercio di Bologna, com o intuito de preservar suas características originais, atestando o quão sérias são as questões referentes à culinária na região.

Segue a receita oficial.

Ingredientes para 4 pessoas:

300g de carne de boi, 150g de pancetta ou bacon, 50g de cenoura amarela, 50g de aipo, 50g de cebola, 1 copo de caldo de frango,

5 colheres de molho de tomate, 1 copo de leite integral, ½ copo de vinho tinto seco, azeite extravirgem, sal e pimenta.

Procedimento:

Em primeiro lugar, deve-se lavar as verduras e cortá-las finamente com a mezzaluna (instrumento cortante com a lâmina curva que se opera com as duas mãos). Numa frigideira, fritar o bacon cortado em cubos. Numa panela de bordas altas coloque o azeite e depois de quente acrescente a cebola até murchar. Acrescente as verduras trituradas e deixe dourar misturando com uma colher de pau. Pronto o refogado de verduras, acrescente a carne moída e deixe dourar bem em fogo médio/alto até que comece a chiar. Acrescente o bacon e misture. Neste ponto, coloque o vinho e espere evaporar. Junte o extrato de tomate dissolvido com um pouco de caldo de frango. Acrescente o leite e se o ragu for secando junte pouco a pouco o restante do caldo de frango. Deixe o ragu em fervura por 2/3 de hora no fogo baixo e acrescente sal e pimenta a seu gosto.

Como alternativa segue receita de ragu à bolonhesa, um pouco mais simplificada, mas tão saborosa quanto a oficial:

Receita

Ingredientes:

½ kg de carne moída, 1 cebola, 1 ou 2 talos de aipo, 1 cenoura, 750g de molho de tomate (com alho e um pouco de pimenta), outros temperos a gosto.

Preparação:

Para o soffrito[161], pique a cebola, o aipo e a cenoura em pedaços bem pequenos e refogue numa panela em fogo bem baixo até que fique cozido e cheiroso. Tempere o soffrito quando ele estiver mais ou menos cozido para absorver o sal.

Depois do soffrito pronto, colocar a carne moída. Após seu cozimento, adicionar ½ xícara de vinho tinto. Aguarde até o vinho evaporar.

Quando a carne estiver pronta e temperada, abaixe o fogo e acrescente o molho de tomate, tirando o alho que está dentro. Continue o cozimento a fogo baixo. Se durante o cozimento o molho for ficando ressecado, adicione aos poucos caldo de carne ou de frango, ou mesmo leite ou creme de leite fresco[162].

Dica: Se salgar demais o molho, coloque uma batata crua descascada.

Parmegiana de berinjela

Esta receita é originária do sul da Itália e, quanto ao nome, *parmegiana*, segundo alguns parece ter origem em *parmiciana*, palavra do dialeto siciliano que indica um tipo de persiana feita de ripas de madeira, forma que assumem as berinjelas quando as colocamos na assadeira.

161 Base para dar sabor ao ragu e outras preparações.

162 No passado, quando os tomates tinham muita acidez, o uso do leite ou creme de leite no ragu era usual.

Massimo Montanari[163] ressalta a inadequação de denominar esse prato de "berinjela à parmigiana", como é bastante comum. Segundo o mestre, "parmigiana", neste caso, não quer dizer "à moda de Parma" como também não se refere ao famoso queijo. Nesta preparação, "parmigiana" não é um adjetivo, mas um substantivo que vem do latim *parma*, que significa "escudo", isto é, uma armadura ou crosta externa que pode conter qualquer ingrediente como queijo, legumes, ovos, carne etc.

As variações deste prato são inúmeras, como acontece frequentemente com os pratos icônicos da cozinha italiana. Além da versão com berinjela frita, tem a com a berinjela grelhada e as que defendem o uso de ovo e farinha para empaná-las.

Segue receita na qual as berinjelas não serão empanadas, mas apenas fritas:

Receita

Ingredientes:

1kg e 200g de berinjelas oblongas, 500ml de molho de tomate, 300g de muçarela, ½ cebola, 100g de queijo parmesão ralado, 1 dente de alho, 1 maço de manjericão, 1 litro de óleo para fritar, azeite extravirgem, sal, pimenta e farinha.

Preparação:

Para preparar a parmegiana de berinjela, primeiro lave as berinjelas, descasque-as e corte-as em fatias de cerca de meio centímetro de espessura ao longo do comprimento. Depois de

163 Disponível em: https://www.taccuinigastrosofici.it/.

cortadas, disponha as fatias em camadas em uma peneira, polvilhe com sal entre uma camada e outra. Este procedimento é útil para drenar as berinjelas. Coloque o coador num prato ou numa tigela e cubra-o, com um prato ou, melhor ainda, com um peso que o pressione. Deixe-as por 1 hora ou pelo tempo necessário para fazê-las perder a água vegetal. Em seguida, enxugue-as para secar (não precisam ser lavadas novamente).

Frite a cebola picada e o alho esmagado com 2-3 colheres de azeite extravirgem, retire o alho, adicione o purê de tomate, manjericão, sal, pimenta e cozinhe o molho por 15-20 minutos (se quiser, adicione meia colher de chá de açúcar).

Agora passe as berinjelas na farinha. Esta etapa do processo não é realizada por todos, algumas receitas não requerem farinha. Frite as berinjelas aos poucos, em bastante óleo quente, deixando dourar dos dois lados. Depois de fritas, tenha o cuidado de as colocar sobre papel de cozinha absorvente, sem sobrepor.

Corte a muçarela em fatias. Em uma assadeira despeje um pouco de molho no fundo e disponha uma camada de berinjela, cubra com algumas colheres de parmesão ralado, manjericão e fatias de muçarela.

Continue com as camadas, seguindo a mesma ordem, até acabarem todos os ingredientes. O ideal é esperar algum tempo até que ela esfrie para então assá-las, em forno pré-aquecido a 180 graus, por 30 minutos.

Retire do forno e deixe descansar em temperatura ambiente. É sabido que a parmegiana garante um excelente resultado se for servida no dia seguinte ao dia do preparo.

Ossobuco

O ossobuco começou a ser usado na Idade Média, a partir de 1300. Nessa época, o uso de pernil de vitela e ossos com tutano já era difundido na culinária.

Nos séculos seguintes surgem também opiniões divergentes, que veem o ossobuco protagonista não apenas como alimento, mas também como meio de defesa. Não raro era usado durante lutas e escaramuças nas tabernas do século XVIII.

Quanto às receitas mais famosas que conhecemos hoje para preparar o ossobuco, não há dúvida de que a preparação mais tradicional é a receita lombarda.

A primeira evidência do prato milanês remonta ao século XIX. É mencionado no livro *Il Memoriale della Cuoca*, de 1879, escrito pelo cozinheiro Giuseppe Sorbiatti.

Tornou-se um prato muito utilizado pelas famílias milanesas da época, principalmente no café da manhã. Então o *oss büs*, como se diz em Milão, torna-se o prato de domingo por excelência da burguesia milanesa.

Ossobuco à milanesa

Tempo de preparo: 30 minutos.

Tempo de cozimento: 90 minutos.

Tempo total: 2 horas.

Ferramentas essenciais: panela de ferro fundido com tampa ou panela de pressão, reduzindo pela metade os tempos de cozimento.

Ingredientes para 4 pessoas:

4 bifes de pernil de vitela com 4cm de altura (cerca de 300g cada, cortado na parte inferior, onde o osso é pequeno e preenchido apenas com medula, farinha branca), 50g de manteiga, ¼ de cebola picada, 1 concha de caldo, um tomate fresco pequeno descascado e picado ou a ponta de uma colher de molho de tomate (não é essencial, pode cozinhar no branco), sal.

Ingredientes para a "gremolada"[164]:

Casca de limão ralada, ½ dente de alho (não é essencial), 1 anchova desossada, um punhado de folhas de salsa picadas.

Preparação:

Em uma panela grande, doure a cebola na manteiga, coloque os ossobucos levemente enfarinhados, doure-os dos dois lados.

Deite um pouco de caldo de carne, o tomate (em quantidade mínima, porque a cozinha milanesa resistiu à introdução deste vegetal mais do que as cozinhas de outras regiões), o sal, tampe a panela e cozinhe em fogo baixo por cerca de uma hora e meia, até que tenham uma aparência levemente fosca.

Cinco minutos antes de servir, acrescente a gremolada. Misture bem e sirva com risoto à milanesa.

---

164 Condimento composto por salsa e alho picados, com adição de raspas de limão, utilizado cru no final do cozimento, principalmente para dar sabor ao ossobuco à milanesa, mas também para vieiras ou coelho. Uma variante envolve a adição de filezinhos de anchova.

Um pouco diferente, mas muito saborosa, é a receita para preparar o ossobuco à florentina em casa, como faziam as avós toscanas.

Ossobuco à florentina

Ingredientes para 4 pessoas:

4 peças de ossobuco de vitela com cerca de 2 dedos de altura, 1 cebola pequena, 2 colheres de massa de tomate, 50g de farinha, vinho branco, caldo de carne, 25ml de azeite extravirgem, sálvia, louro, sal e pimenta.

Preparação:

Usando uma faca, faça incisões ao longo da borda da carne e, por fim, bata levemente. É fundamental que, para o preparo da receita, utilize-se ossobuco de vitela, que deve ter 2 dedos de altura.

Corte a cebola em fatias finas, coloque-as em uma panela com algumas folhas de louro ou sálvia, se preferir, polvilhe tudo com azeite extravirgem.

Enfarinhe levemente o ossobuco e coloque-o na panela que preparou anteriormente e doure tudo em fogo baixo, virando a carne de vez em quando para dourar dos dois lados. Adicione o vinho branco (ou o vinho tinto, se preferir) e deixe evaporar. Desligue o fogo.

Dissolva o purê de tomate em duas xícaras de caldo de carne, adicione sal e pimenta e despeje por todo o ossobuco que você dourou anteriormente.

Cozinhe tudo em fogo bem baixo por uma hora e meia ou mais, se necessário.

Esta é a maneira ideal de cozinhar ossobuco florentino. Quando perceber que a carne absorveu todo o líquido e se formou um belo molho cremoso, tempere com sal e pimenta e desligue o fogo.

Focaccia

As origens da focaccia são muito antigas. Na antiguidade, fenícios, cartagineses e gregos, usando farinhas de cevada e centeio, a cozinhavam no fogo. A etimologia de *focaccia* deriva do latim *focus*.

Na Roma antiga, as focaccias eram oferecidas aos deuses e, no período renascentista, eram consumidas junto com o vinho nos banquetes de casamento. Como o pão, mas mais rica em gorduras, azeite ou banha, usados na massa ou no molho, sempre foi particularmente popular na Itália.

Comida para viajantes e pescadores, a focaccia aparentemente deve o seu nascimento também aos longos tempos de espera que os padeiros tiveram que enfrentar durante as noites de trabalho, horas assando pedaços de massa sem fermento diretamente na base do forno. Uma vez cozidas, eram consumidas recheadas com legumes, carnes ou queijos.

Hoje, falar de focaccia significa voltar-se em direção à região italiana da Ligúria, que com seus inúmeros tipos de focaccia se firmou no panorama gastronômico mundial.

Em Gênova, já no século XVI, o consumo de focaccia simples com azeite era familiar e também difundido na igreja, especialmente durante os casamentos. Até um bispo da época, preocupado com o enraizamento do hábito, chegou a proibir o consumo durante os serviços fúnebres.

Existem várias versões de focaccia na Ligúria, estas são as mais tradicionais:

- Clássica de Gênova, que deve ter entre um e dois centímetros de espessura, com uma crosta dourada e brilhante e a superfície caracterizada pela presença de buracos.
- Focaccia de Recco, cujo nascimento teria sido no século XII, segundo um documento que menciona uma preparação oferecida aos cruzados que partiam para a Terra Santa, feita com uma folha muito fina recheada com queijo fresco.
- Focaccia de Voltri, apesar de derivar dos mesmos ingredientes da focaccia clássica, difere na consistência da massa e na técnica de cozimento.

No caso da focaccia de Recco, com queijo, conta-se que nos tempos antigos a população de Recco se refugiou no interior para escapar das invasões dos sarracenos.

A possibilidade de ter azeite, queijo e farinha teria levado à elaboração de uma massa recheada com queijo, cozida em pedras de ardósia, e denominada "focaccia com queijo".

Segundo estudos realizados no final dos anos 1990, parece que esse alimento já existia na época da terceira Cruzada (século XII).

> Era o Pentecostes das Rosas do ano de 1189. A capela da Abadia de San Fruttuoso acolheu os cruzados da Ligúria antes da partida da frota para a Terra Santa. Sobre as toalhas

de linho branco bordado, os pratos de estanho e cobre e as terrinas de cerâmica estavam cheias de tudo de bom: pães de espelta e cevada misturados com mel, figos secos, carpa de peixe, alho, azeitonas e uma focaccia de sêmola e queijo recém-curado. [165]

No final do século XIX, quando as primeiras *trattorias* foram abertas em Recco, a focaccia com queijo foi oferecida durante o período da celebração dos mortos. Foi apenas no início do século XX que, graças à desenvoltura de Manuelina, do restaurante local, a focaccia com queijo se popularizou, tornando-se uma iguaria apreciada durante todo o ano.

Focaccia de queijo

A peculiaridade desta focaccia com queijo, composta por farinha simples, água e azeite extravirgem, está na adição de um queijo macio, como crescenza [166] ou stracchino, que a tornam saborosa e irresistível. Não contém fermento, é macia e deve ser degustada levemente quente, para saboreá-la em toda a sua bondade.

Ingredientes:

400g de farinha, 400g de azeite extravirgem, 200ml de água, 10g de sal, 250g de queijo crescenza.

165 Disponível em: https://www.taccuinigastrosofici.it/.

166 O queijo *crescenza* é semelhante ao *stracchino*. São queijos macios produzidos no norte da Itália (especialmente na Lombardia), mas, ao contrário do *crescenza*, que vem de leite integral ou parcialmente desnatado e é maturado por cerca de uma semana, o *stracchino* é produzido apenas com leite integral e sua maturação é de cerca de 20 dias.

Preparação:

Coloque a farinha em uma tigela, adicione a água, despejando aos poucos, e misture vigorosamente com uma colher de pau. Em seguida, adicione o sal e o azeite extravirgem aos poucos, continuando a misturar.

Trabalhe a massa com as mãos e a transfira para a superfície de trabalho. Dobre a massa sobre si mesmo, repetindo a operação nos 4 lados. Por várias vezes, feche a massa puxando-a com as mãos em sua direção.

Divida a massa em duas partes iguais e amasse-as novamente, dobrando a massa várias vezes sobre si mesma.

Transfira os dois pães para um recipiente untado com azeite, cubra-os com uma folha de película aderente e deixe-os repousar durante duas horas à temperatura ambiente.

Após o tempo necessário, estenda os dois pães de massa com os dedos e depois com o auxílio de um rolo para obter uma folha bem fina.

Coloque delicadamente uma folha de massa em uma forma de 25x30cm, previamente untada com azeite.

Espalhe flocos ou tufos de crescenza por cima da massa e, em seguida, cubra tudo com a outra folha de massa e sele bem as bordas pressionando com as pontas dos dedos. Esta etapa é essencial para evitar que o queijo se espalhe durante o cozimento.

Aperte a folha de cima ou, alternativamente, aperte-a com os dentes de um garfo. Em seguida, pincele toda a superfície da focaccia com azeite extravirgem.

Basta cozinhá-la em forno pré-aquecido a 280° por cerca de 10-12 minutos, até que a focaccia fique levemente dourada na superfície. Tire do forno e consuma ainda quente.

Tiramisù

As origens do tiramisù são muito incertas, porque todas as regiões gostariam de ter inventado essa delícia. Por isso, nasceu uma espécie de disputa entre a Toscana, o Piemonte e o Vêneto pela paternidade do doce.

Uma primeira versão afirma que o tiramisù nasceu no século XVII, em Siena, quando alguns confeiteiros, tendo em vista a chegada do Grão-duque da Toscana, Cosimo de Medici, decidiram preparar um doce para celebrar a sua grandeza.

O doce deveria respeitar a personalidade do Grão-duque: deveria, portanto, ser um doce importante e gostoso, mas ao mesmo tempo preparado com ingredientes simples e, o mais importante, deveria ser extremamente apetitoso, porque Cosimo amava os doces. Assim foi inventado o tiramisù que, naquela época, se chamava "sopa do duque", em honra de Cosimo de Medici, que levou consigo a receita para Florença e a fez conhecida em toda a Itália.

A lenda conta, entretanto, que a "sopa do duque" se tornou o doce preferido dos nobres, que lhe atribuíam propriedades afrodisíacas e excitantes.

Uma outra versão conta que o tiramisù foi inventado por um confeiteiro de Turim, em honra a Camillo Benso, o Conde de Cavour, para sustentá-lo na sua difícil tarefa de unificar a Itália. Isso explica melhor o uso dos *savoiardi* (biscoitos champanhe), originários da Savóia, na área piemontesa.

Também o Vêneto tem a sua versão na disputa: parece que o tiramisù teria sido inventado no restaurante El Toulà, de Treviso, na época situado próximo a uma casa fechada para "encontros", e servido para *tirare sù* (alguma coisa como "puxar para cima").

Ainda hoje o verdadeiro lugar de origem e a circunstância na qual o tiramisù teria nascido permanece um mistério.

Receita

Ingredientes:

500g de mascarpone, 6 ovos, 160g de açúcar, 400g de biscoito champanhe, café, cacau em pó, sal, chocolate em flocos.

Preparação:

Prepare o café para embeber os biscoitos, derrame-o numa vasilha (se quiser, adoce o café) e deixe-o morno. Bata as gemas dos ovos junto com a metade do açúcar até que fique um composto claro e cremoso. Trabalhe o mascarpone com uma batedeira ou uma colher de pau até obter um creme sem grumos, e junte, sempre batendo, a mistura das gemas com o açúcar já preparada. Bata as claras em neve com uma pitada de sal, acrescente o restante do açúcar e, com uma colher de pau, una pouco a pouco o composto de mascarpone e gemas. Esse será o creme do Tiramisù.

Ponha em um recipiente os biscoitos e comece a banhá-los com o café. Eles deverão ficar bem embebidos, mas não completamente encharcados. Cubra os biscoitos embebidos com uma camada de creme de mascarpone, nivelando-o com uma espátula. Pulverize a superfície com cacau em pó usando uma peneira. Disponha uma segunda camada de biscoitos. Se a primeira você tiver disposto verticalmente, esta última deve ser disposta horizontalmente (e vice-versa). Recubra com o restante do creme e nivele. Terminada esta operação, pulverize com abundante cacau em pó a superfície do tiramisù e acrescente um punhado de chocolate em flocos. Deixe na geladeira por algumas horas para compactar o doce.

Cannoli siciliano

É uma sobremesa com fortes contrastes nas cores, aromas, sabores e texturas. Sua forma seria um símbolo de fecundidade e força geradora. Segundo alguns estudiosos, o *cannolo* é filho das inúmeras culturas que se alternaram na Sicília ao longo do tempo.

Seu ancestral pode ter sido uma sobremesa em forma de banana da época grega e romana, recheada com ricota, amêndoas e mel. Os árabes lhe teriam trazido a riqueza do preparo e a adição de frutas cristalizadas. As mãos habilidosas das freiras enclausuradas de um convento, perto de Caltanissetta, o teriam tornado popular. Os confeiteiros das famílias nobres lhe teriam presenteado com as gotas de chocolate.

O nome *cannolo* deriva da palavra latina *canneolus*, que é o instrumento de formato cilíndrico usado para abrir sua massa. Antigamente essa iguaria palermitana era produzida apenas para o carnaval. Hoje, pode ser encontrada o ano todo e é exportada para todos os lugares.

Receita

Ingredientes:

150g de farinha, 1 colher de açúcar refinado, 30g de banha ou manteiga, 1 copo de vinho tinto ou Marsala, 1 colher de mel, 1 colher de café em pó, 1 colher de chá de cacau, 300g de ricota, 200g de açúcar de confeiteiro, 1 colher de sopa de água de flor de laranjeira, 50g de frutas cristalizadas (laranja, abóbora, cedro, cereja), 50g de pistache picado, 30g de flocos de chocolate amargo, canela, sal, óleo para fritar.

Preparação:

Misture o açúcar com a banha, ou manteiga, e uma pitada de sal, depois acrescente a farinha, o café, o cacau, o mel e o vinho. Trabalhe bem a massa e deixe descansar em local fresco. Enquanto isso, peneire a ricota, adicione o açúcar de confeiteiro, a água de flor de laranjeira, a canela, o pistache, o chocolate e as frutas cristalizadas.

Abra a massa e corte em quadrados. Enrole cada pedaço em um tubo de metal, dando a forma clássica do cannolo, e frite em óleo quente até dourar. Escorra e deixe esfriar. Retire os cannoli dos tubos de metal e recheie-os com a ricota. Decore com cerejas cristalizadas e sirva imediatamente, polvilhando com açúcar de confeiteiro.

Crostata de ricota e creme

A *crostata* é uma preparação de forno em um molde especial, geralmente de forma redonda, constituído por uma crosta de massa, geralmente massa "podre", que é coberta antes ou depois do cozimento com geleia, frutas, creme ou outros ingredientes.

Parece que uma preparação semelhante à base desse tipo de massa já era conhecida em Veneza, depois do ano mil, quando o açúcar importado do Oriente começou a ser usado. Provavelmente a primeira receita codificada remonta ao século XIV, inserida por Taillevent em seu manuscrito *Le Viandier*. Mais tarde, Scappi e Stefani não se esqueceram de recomendar outras. Desde então, doce ou salgada, foi enriquecida em massas e ingredientes.

Entre os ingredientes que foram ganhando destaque na confeitaria italiana ao longo do tempo, destaca-se a ricota, protagonista fundamental de algumas receitas de doçaria, entre elas as *crostate*.

Receita

Esta é uma preparação simples, mas um doce de sucesso que agrada aos adultos e às crianças. A título de advertência, é importante que a ricota seja fresquíssima. Querendo incrementá-la, adicione aqui e acolá pequenas frutas como decoração. A acidez da framboesa, e também do morango e outras frutas do bosque, ajudará a dar frescor ao palato.

Ingredientes para o recheio:

400g de ricota, 50g de açúcar, açúcar de confeiteiro para polvilhar no final.

Para a massa:

400g de farinha, 200g de manteiga derretida, 2 ovos inteiros e 1 gema, 1 sachê de fermento químico para doces, 200g de açúcar.

Para o creme:

3 gemas de ovo, 25g de açúcar, 80g de farinha, 500ml de leite integral.

Preparação:

Amassar todos os ingredientes de modo a obter um composto compacto. Preparar o creme fervendo o leite com a farinha, os ovos e o açúcar. Depois que o creme esfriar, juntar as 400g de ricota e 50g de açúcar. Forrar com papel próprio para forno uma forma com cerca de 35cm de diâmetro, estender a massa, encher com o creme misturado com a ricota e o açúcar e fechar as bordas. Fazer alguns furos sobre a torta antes de levá-la ao forno por 30 minutos à temperatura de 180°. Deixar esfriar por ao menos 8 horas e servir com açúcar de confeiteiro.

Bibliografia

ABBATE, Anna. **Biancomangiare... il Medioevo in Tavola**. Napoli: Veltrend Editore, 2018.

ARTUSI, Pellegrino. **La Scienza in Cucina e l'Arte de Mangiare Bene** (1881). USA: Lxington, 2017.

BALBONI E., Paolo & SANTIPOLO, Matteo. **Storia Italiana per Stranieri**. Perugia: Guerra Edizioni, 2003.

BALBONI E., Paolo & VOLTOLINA, Maria. **Geografia d'Italia per Stranieri**. Perugia: Guerra Edizioni, 2005.

BARUFFI, Renata. **Mediterraneo In Viaggio Tra Storia e Gastronomia**. Itália: Edizione e-Book, 2012.

CAMBI, Carlo. **Le Migliori Ricette dela Cucina Regionale Italiana**. Roma: Editori Newton Compton, 2012.

CAPATTI, Alberto. **Storia dela Cucina Italiana**. Roma: Guido Tommasi Editore 2014

CAPATTI, Alberto & MONTANARI, Massimo. **La Cucina Italiana: Storia di una Cultura**. Roma: Editori Laterza, 1999.

DIADORI, Pierangela, SEMPLICI, Stefania & SPINOSA, Eleonora. **Buon Buonissimo! Imparare l'italiano com le ricette regionali**. Firenze: Edizioni Le Monnier, 2015.

LUZZATTO, Darcy Loss. **Culinária da Imigração Italiana**. Porto Alegre: Editora Dora Luzatto Ltda., 2005.

MATOSETTI, Alfredo. **Alimenti e Sapori Lungo la Valle del Po**. Milano: Dutch Communications & Editing Edizione e-Book, 2016.

MASSAROTT, Giacomo. **Sapori e Leggende dela Cucina Veneta**. Venezia: Panda Edizioni, 2017.

MAZZANTI, Andrea. **La Cucina Regionale Italiana**. Venezia: Edizione e-Book, 2014.

MARTINO, Mestre. **Como Libro de Arte Cocquinaria**. Napoli: Independente, 1450.

MONELLI, Paolo. **Il Ghiottone Errante**. Roma: Sloe Food Editore, 2008.

MONTANARI, Massimo. **Histórias da Mesa**. São Paulo: Editora Estação Liberdade, 2016.

MONTANARI, Massimo. **La Fame e L'Abondanza**. Roma: Editori Laterza, 1997.

MONTANARI, Massimo. **Il mito delle origini**. Roma: Editori Laterza, 2019.

PERCUSSI, Silvia & LAMBERTO, Alessandro Segato. **A Culinária Italiana no Brasil** – Coleção Cultura e Sabor. Brasília: Ministério da Cultura, 2017.

PINZANI, Maurizio & PIANCASTELLI, Riccardo. **L'Italiano in Cucina**. Firenze: Projetto Lingua Edizioni, 2000.

PIZZOLLA, Ileana. **Il Medioevo in Tavola – Le Ricetti e i Sapori scomparsi**. Itália: Les Flâneurs Edizioni, 2017.

ROSSI, Arianna. **Ricette Tipiche Delle Regioni D'Italia – Cucina Regionale**. Itália: Edizione e-Book, 2018.

SACHI, Bartolomeo (Platina). **Il piacere onesto e La buona salute**. Itália: Editora Einaudi, 1977.

SCAPPI, Bartolomeo. **Opera**. Venezia: Tramezzino, 1570.

SORINE, Alex, CUTINE, Suzana & SEBY, Sorbello. **Tacuinum Barocco – Ricette storiche e meravigliose banchetti**. Perugia: Ali@no Editrice, 2013.

SPALIVIERO, Gian Paolo. Piadine, Focacce, Pizze & Co. *In*: **Italia Storie e ricette regionali**. Itália: Editora Gian Paolo Spaliviero, 2020.

TABACCHI, Maria Cristina. **Ricette dela Tradizione**. Itália: Moka Edizioni, 2016.

TOCCI, Augusto & REVELLI, Alex. **Tacuinum Mediovale – Itinerario Gastronomico nella Storia**. Perugia: Ali&no Editrice, 2003.

TOCCI, Augusto, REVELLI, Alex, & CUTINI, Suzanna. **Tacuinum Rinascimentale** – Itinerario di Trionfi Gastronomici. Perugia: Ali@no Editrice, 2005.

VANNI, Elisabetta. **Curiosità, aneddoti e legende in cucina**. Itália: Edizione e-Book, 2016.

Sites consultados na internet
https://www.taccuinigastrosofici.it/
https://www.cucchiaio.it/
https://www.giallozafferano.it
https://www.lacucinaitaliana.it
https://www.facebook.com/groups/

FSC
www.fsc.org
MISTO
Papel | Apoiando o manejo florestal responsável
FSC® C092828

2021 CARBON NEUTRAL
SAVE cerrado

[1ª Edição 2023]
Esse livro foi composto em Bembo, Quintessencial e
Gotham e impresso em papel Avena 80g/m²
para a Quixote + Do Editoras Associadas